JN189679

立川談志にまつわる言葉を
イラストと豆知識で
「イリュージョン」と読み解く

談志語辞典

立川談慶

誠文堂新光社

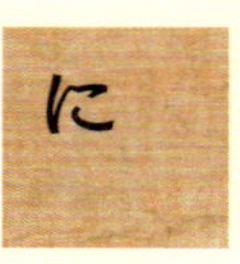

はじめに

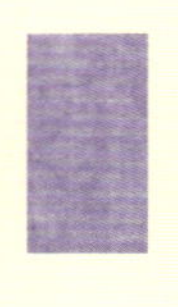

1991（平成3）年、4月19日。立川流入門記念日。その日から私の地獄が始まりました。

頃は、バブルの余波の残る雰囲気で、「小さい頃からの落語家になりたいという夢をかなえるために入門する！」などと豪語してサラリーマンを辞めた私に、世間はとても冷ややかでした。

「よりによって、立川流かよ」

「談志のところは厳しいぞ」

などと、大学の先輩などには、よく言われたものでした。

この発言の裏には「こんなに景気のいいときに、なんでまた」という、判で押したような批判がいつも込められていました。

根っからのリサーチ不足人生をずっと歩み続けてきた私は、大学も、就職先もさほど調査しないで入りました。落語界もその勢いのまま、師匠を談志に選びました。

それを決定づけたのが、談志が立川流設立の2年後に出した『現代落語論其2』（三一書房）でした。本書でもご紹介しましたが、「落語は人間の業の肯定」と、落語家として初めて、「落語」を定義した本です。

この本の中に「古典落語50席を覚えたら、二つ目にする」とはっきり書いてあったのです。

「よし、落研時代に20席は落語を覚えていたから、あと30席だ！」

入門前に10席覚えて、残り20席を入門後覚える計算ならば、月2席覚えてゆけば1年で前座修行はクリアできる……！

勝手にそんな青写真を描きました。

ほんと、いま振り返ると罪な本でした。結果、入門後、「歌舞音曲の必要性」を問われ続けることになり、前座修行を9年半もつとめてしまうことになってしまったのです。

*

そんな談志が亡くなって、今年2019年で丸8年。師匠との付き合いはトータルで20年、そのうちほぼ10年弱は前座でいたということになります。

「日記をつけておけよ」

前座初期の夏ごろでしたか、たまたま練馬の家で2人きりになったとき、そんなことを言われました。

なんで自分にだけそんなことを言ったのか？　深く意味も考えず、そしてそもそも日記をつけるという本当の意味を探ることなく「その日」からつけ始めるようにしました。

最初は緊張感もあり、触れるものすべてが新鮮で、長文スタイルで書き連ねてはいましたが、師匠に命じられた用事をこなすのが忙しくなったり、前座として先輩方の会などで依頼を受けたりなんぞしているうちに、メモ代わりのようにもなり、また飛び飛びにもなったりして、断片的な痕跡へと変質してしまいました。

「空体語と実体語、わきまえろ！」

「状況判断のできない奴がバカだ！」

「挨拶をリズムで言うな！」

「蕎麦のツユは、少しだけつけろ！」

そうなんです。いつの間にやら、日記というよりは、「ドジな自分に向かって談志が言い続けた小言ノート」になってしまっていたのです。

小言とは“情けない思い出”であり“消し去りたい過去の恥”でもあります。丸ごと捨てちゃおうかと思っていたときに、今回、誠文堂新光社編集部から「『立川談志語辞典』を作ります。つきましては著者として参加してほしい」という依頼が入りました。

依頼された仕事はいままで、決して断らず、ここまでやってきた私です。

「談志にまつわる言葉、何項目ぐらい調べないといけませんか？」

「ま、500個ぐらいですね」

担当の樋口聡さんは、事もなげに言ってのけました。

「500って……」

安請け合いしてしまったのを後悔してカミさんに泣きつくと、慰めてくれるかと思ったら、「だって、あなた、500回以上は怒られているはずでしょ？」との仰せ。「あちゃ〜」。

ふと、考え直してみることにしました。

「……そっか、あの怒られ続けた日記というか断片メモを基にデータベースを作ってみようか！」

彼女の一言で、エンジンがかかりました。

罵詈雑言って、ホンネそのものです。本質にかかわるから怒鳴るという行為につながるのです。逆鱗（げきりん）とは本来そういう意味です。談志からの小言には、談志の魂の叫びが注入されているはず！

前座9年半ということは、ほぼ3500日間です。その間、一日に2度以上怒られたこともありますし、また二つ目になっても怒られたこともあります。なので、少なく見積もってもざっと2000回以上は、逆鱗に触れている勘定です。

「これは、ほかの弟子にはない俺の財産かも！」

唾棄すべき自分の過去の失態と向き合うことで、その中から、俺から見た、俺だけの師匠談志を探り当てるアプローチになるのでは……と、半ば自棄（やけ）のような気持ちで、コツコツ積み上げてゆくことにしました。

いわばこの本は、「立川談志山」という巨大な名峰に挑むためのガイドブックです。私・談慶がドジなナビゲーターとしてお付き合いします。どうなることやら……ですが、つまずきながら、回り道しながら、ゆっくりと一緒に登りましょう。

2019年霜月

落語立川流真打ち　**立川談慶**

この本の見方と楽しみ方

筆者が、弟子だからこそ見ることができた「談志の世界をひも解くキーワード」を、五十音順に配列しています。

1 キーワード

明烏【あけがらす】

　落語の演目。息子時次郎の堅物ぶりを嘆く親父は大店の主人。「あんな堅物だったら商人としてうまくやっていけない……」
　そこで、町内の“悪の権化”のような源兵衛と太助に、「倅を吉原に連れ出して、やわらかくしてやってくれ」と、なんともおおらかなことを訴える。そこで2人は、「お稲荷様のお籠り」という嘘をついて時次郎を騙(だま)し、吉原に泊まりに行くのだが、逆に翌日になるとあれほど堅物で女を毛嫌いしていた時次郎がすっかり馴染(なじ)んでしまうという噺。
　先代文楽師匠の十八番(おはこ)。談志の得意ネタでもあったが、完全なる文楽リスペクトの風情での演出だった。「そのまま取っておきたい形」と言っていた。

2 読み方

3 談志の得意ネタなども多数、紹介

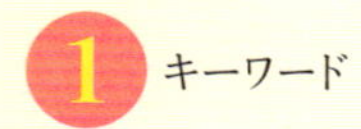

4

落語ネタに限らず、落語界でリスペクトすべき人、
交友関係、自身のものの考え方などを、
様々な角度から、筆者が「師匠愛」をベースに分析。
落語界の巨人・立川談志という人間の“真奥”に迫っていく。

もくじ

あ行

い

う

え

お

か行

き

く

け

こ

さ行

し

す

せ

に

ぬ

ね

の

は行

ひ

ふ

へ

ほ

ま行

み

む

め

も

や行

立川談慶×水道橋博士が
「談志」「たけし」への
“師匠愛”を語る！

立川談志というヒト

天才？

小生意気……師匠小さんの落語を辛辣（しんらつ）に批判したことで、取っ組み合いに発展。

前座時代から噺の巧（うま）さに定評……早くから真打ち昇進の話があったが、"人間性"の問題で見送り？

希代の勉強家……前座時代に借りた部屋は資料であふれ、部屋の壁一面、そしてトイレの壁にまでネタを書き付けた紙が貼ってあったという。

お金より資料が大事……練馬の自宅で泥棒に入られたとき、次に被害にあうことを想定して3万円入りの封筒を置いておいた。資料を荒らされるくらいなら、お金をあげて帰ってもらおうという魂胆。

マルチタレント

「笑点」を自ら企画……初代司会者もつとめるが、やがて番組の方針と合わずに降板。

キャバレーのショーの売れっ子……アメリカンジョークと小粋なギャグで通常でも2～3件、クリスマスは最大7件を掛け持ち。

流行語も生み出す……エスビー食品「モナカカレー」や「ホンコンやきそば」のCMに出演。とくに「ホンコンやきそば」の「ホンコンにうまいよ」は流行語になる。

政治家の顔……参議院議員に当選。沖縄開発庁政務次官にまでなるが、"二日酔い"問題で辞任。参議院議員も一期つとめて辞去。

著書……『現代落語論』（三一書房・1965年）を皮切りに本人の著書だけで50冊以上。CDの落語選集やビデオ、音楽CDも多数。

映画にも出演……テレビ、ラジオはもちろん、24本の映画に出演。最後の出演作は弟子の立川志の輔原作の『歓喜の歌』（2008年）。

落語界の異端児

落語協会の“不透明な”真打ち昇進基準に反旗を翻す……… 立川流を創設する。

有名人が門下生として入門……… ビートたけし、上岡龍太郎、赤塚不二夫、高井研一郎、高田文夫など多士済々。

愛妻家

伊勢丹騒動……… 練馬に自宅を買って引っ越そうとしたが、愛妻則子夫人（ノンくん）の「伊勢丹がないから嫌」との一言で断念。本人だけ引っ越す。

根津のマンション……… 則子夫人が入院した病院から歩いて2分のところに購入。

お百度参り……… 則子夫人が入院したとき、根津神社で回復の願掛け。

落語が睡眠薬？……… 「パパ、寝られないから落語やって」と子守唄代わりに頼まれてやったこともあるそうだ。

死ぬまで落語家

最後の高座……… 2011年の「立川談志一門会」で演じた「蜘蛛駕籠（くもかご）」。若き日に第1回東横落語会に抜擢され、絶賛された演目。「落語に別れを告げているようだった」と、弟子の立川志らくは語っている。
喉頭がんが進行してのどを切開し、声も出せなかったが、メモには「落語」と書いていた。娘の弓子さんが「もっと落語がやりたいの？」と聞くと、「やりたい」と、はっきりうなずいたという。

補足：ゴキブリが大嫌い。外国人とコミュニケーションを取るのが好き。寄って行って話しかける。

立川談志 年譜

年度	年齢	出来事	エピソード
1936(昭和11)		1月2日、現・東京都文京区白山に生まれる	
1952(昭和27)	16	私立東京高等学校を中退。5代目柳家小さんに弟子入り	前座名は本名の克由から1字をとって「小よし」に
1954(昭和29)	18	柳家小ゑんとして二つ目昇進	寄席のほかにコント、漫談、番組司会者としても活躍
1962(昭和37)	26	3代目古今亭志ん朝が入門5年目で真打ち昇進。怒って「辞退しろ」と迫る	「兄さん、私は実力で真打ちに上がったんだ」と言われ、逆に感心してしまう
1963(昭和38)	27	真打ち昇進。「5代目立川談志」を名乗る	談志と3代目古今亭志ん朝、5代目三遊亭圓楽、8代目橘家圓蔵が「落語四天王」と呼ばれる
1965(昭和40)	29	「立川談志ひとり会」がスタート	紀伊國屋ホール。トリネタは「宿屋の富」
		最初の著書『現代落語論』出版	「落語の衰退」を嘆きつつ「落語の美学」を語って評判を呼ぶ
		エスビー食品「ホンコンやきそば」CMに出演	「ホンコンにうまいよ」が決めゼリフ
1966(昭和41)	30	日本テレビ系「笑点」がスタート、69年まで初代司会者	親友の石井伊吉を座布団運びに起用「毒蝮三太夫」と改名させる
1969(昭和44)	33	衆議院選挙に立候補するが落選	選挙区の台東区で「立川談志、お願いします」と連呼するとある家の2階の窓から桂文楽師匠が顔を出し「ようがすよ!」
1971(昭和46)	35	参議院選挙に全国区から立候補。無所属で初当選	50位の最下位当選。「真打ちは最後に登場するもんだ」と名文句
1975(昭和50)	39	沖縄開発庁政務次官に就任するが翌年早々、“二日酔い”で辞任	二日酔いでの視察が発覚。「公務と酒とどっちが大事か?」と記者に質問され「酒に決まってるだろ!」
1983(昭和58)	47	交通違反のもみ消しを当時の防衛庁長官に頼むが失敗	運転していたのは弟子の立川志の輔。「交通違反のもみ消し一つできなくて、国が守れるか」と怒る

		談志一門が落語協会を脱退。「落語立川流」結成、家元となる	「落語協会の真打ち昇進試験制度が不透明」と、会長であり、師匠でもある5代目小さんと対立。破門となり協会を脱退
1993（平成5）	57	落語協会を痛烈に批判	その後、小さんと楽屋で大喧嘩
1997（平成9）	61	食道がんが発見され、入院	「酒とタバコ？　やめるわきゃねーだろ」と笑い飛ばす
1998（平成10）	62	声帯の一部的摘出手術のために再び入院	しばらく筆談生活を送る
1999（平成11）	63	高座中に居眠りをしていた男性を退場させる	その客から主催者に対し、損害賠償請求を起こされるも裁判所が請求却下
2000（平成12）	64	長男の松岡慎太郎結婚・初孫誕生	「おじいちゃんと呼ばれるのはいやだなあ」という悩みに、毒蝮が「兄さんと呼ばせりゃいい」と助言
2001（平成13）	65	古今亭志ん朝死去	「志ん生襲名時には口上を述べる約束だったのに」と絶句
2002（平成14）	66	5代目柳家小さんが死去	「師匠はいつも俺の心の中にいる」とコメント
2005（平成17）	69	長女の松岡ゆみこがCD デビュー	「俺が詞を書けば紅白に出られるぞ」と親バカぶりを発揮
2007（平成19）	71	リビング名人会で“伝説の”「芝浜」を演じる	「芸術の神（ミューズ）が舞い降りた」と自ら語り、のちも「あれは落語家人生の総仕上げだった」と言っていた
2008（平成20）	72	のどにポリープの疑いがあり検査入院	5か月後、喉頭がんであることを公表
2010（平成22）	74	高座に復帰するも「これが見納め」と観客に謝罪	喉頭がん再発が確認されたが、声帯摘出手術を拒否
2011（平成23）	75	立川談志一門会で演じた「蜘蛛駕篭」が最後の高座に。	退院後、直弟子18人を銀座のバー「美弥」に集めて訓示
		その後、喉頭がん治療のため入院	声が出ないため筆談で掲げた言葉は「お●○こ」
		11月21日午後2時24分逝去	家族だけに見守られながら、静かに旅立っていった……
		12月、「お別れの会」。一門や親交の深かった人たち、ファンなど、参列者は約1000人	締めの音頭は旧友・毒蝮三太夫。「談志が生き返って戻ってこないようにお願いしましょう」で三本締め。

談志語辞典

幾多の噺家の中でも、特に"強面"ぶりが目立つ立川談志だが、
その一方で、これほど落語を愛し、落語に"命"を捧げてきた人もいない。
そんな談志の「虚像と実像」を約500以上のキーワードで解剖!
題して「立川談志・五百羅漢劇場」

あ行

挨拶と小言【あいさつとこごと】

入門1日目、一番最初に師匠に言われたこの小言が、私の人生を決めた。ファンをとことん大切にしていた師匠だったので、私もファン時代、独演会の後の銀座美弥での打ち上げに参加させていただくなど大事にしていただいた。怖かったけど、プロになれたというか弟子として認めてもらった嬉しさもあったっけ。以後、小言にはきつい思い出しかないが（笑）。

挨拶をメロディで言うな【あいさつをめろでぃでいうな】

「メロディで挨拶すると怒られるもの」。入門が許可される前は、談志のファンでもある私だった。入門後初めて師匠宅に入る際、「おはようございます！」と兄弟子からそう言うように教わったのだが、緊張のあまり声が小さかったのを見過ごしてくれる師匠ではなかった。「挨拶をメロディでするな！」といきなり小言を食らったものだった。

いま考えると、これも一つの洗礼のような儀式だった。確か弟弟子の談笑も同じ小言を食らったはずだった。「挨拶に限らず、口から出る言葉はメロディで処理できるほど甘くはないぞ」というメッセージだったのかもしれない。そんな取り扱い注意物件を扱う以上、普段から気をつけろ、覚悟を持てと言いたかったのかも。ファンから弟子へと認めてくれた瞬間でもあった。以来、朝家族にいう「おはよう」にも心を込めるようにしている。

愛情【あいじょう】

「愛情とは、相互のエゴイズムのバランス」と、師匠談志は定義していた。いつも思うのだが、談志の名言は冷たいとかドライとかではなく、「そう思って割り切っていたほうが楽だろ」というスタンスだ。限りなく救われる感じがしませんか？

人間なんてエゴそのものだもの。たまたまうまくいっているのが相思相愛なのだ。「親は子供に愛情を注ぐのが当然だ」と思い込むところから不幸が始まるのかもしれない。人間なんて、本能のぶっ壊れた、ほんとだらしない生き物なのですもの。神様になれずに、落ちこぼれたのが人間なのかもしれません。人間の不完全さを訴え続けていたのが落語なのです。相手に完璧さを求めるなんてお互いつらくなるだけじゃありませんか？

青島幸男【あおしま・ゆきお】

1932年（昭和7年）7月17日～2006年（平成18年）12月20日。作家（『人間万事塞翁が丙午』で1981年上半期直木賞受賞）、作詞家、タレント、テレビドラマ「意地悪ばあさん」などで一世を風靡(ふうび)した俳優でもあり、放送作家、映画監督として活躍。政治家（国会議員、東京都知事）、画家（二科展入選）などにも手を広げるなど、いわゆる「マルチタレント」の元祖。「最初に運転免許を取って、美容師の免許を取って、映画も撮って、作詞作曲、監督、主演を全部やり、直木賞を取り、国会議員になる」と宣言し、すべてを実現させた。談志と同時期ファン時代の政治家だった経緯もあったが、本人曰(いわ)く「6年間の国会議員時代、一度も会うこともなかった。向こうも俺を避けていた」というほどソリが合わなかった。が、「コミックソングの作詞家」としての評価は一転して絶大で、「スーダラ節」、「これで日本も安心だ！」は談志もよく口ずさんでいた。

赤めだか【あかめだか】

筆者の兄弟子・談春兄さんの書いたエッセイ。入門から真打ちに至るまでの談志という大きな存在を追いかけ続けたもう一人の天才の葛藤をベースにした傑作物語。笑えて泣ける本。談四楼師匠が「落語本書く派」のキッカケをつくった先達ならば、この人はその道をさらに拡大したという大きな功績がある。

談四楼師匠とこのお方がすごいのは、師匠の生前からその活動をしている点。軋轢(あつれき)もあったはず（そのあたりのことは、談四楼師匠の名著『談志が死んだ』をお読みください）。いま自分が、この本も含めて談志がらみのことを書いていられるのは、談志が亡くなっているからこそである。生きているときに読まれたら「俺はそんなこと言ったつもりはない」と怒られることだらけかも（笑）。

あくび指南【あくびしなん】

落語の演目。「町内に『あくび』を教える指南所ができた。とある男がひとりでは行きにくいとのことで友人を誘って出かける。もっともらしくあくびを習うのだが、ちぐはぐな失敗ばかりを繰り返し、一緒に行った男が、退屈さから思わずあくびしてしまう。見ていたあくびの先生が思わず、『ああ、お連れさんの方がご器用だ』」。

「世界中を探しても、こんなバカバカしい噺(はなし)はないだろう。江戸文化の爛熟(らんじゅく)の象徴」とまで談志は言い切っていた。

「本能が壊れた存在である人類は生理現象すら学習しなければならないのかも」という深いテーマが、そこにあるのかもしれない。

明烏【あけがらす】

落語の演目。息子時次郎の堅物ぶりを嘆く親父は大店の主人。「あんな堅物だったら商人としてうまくやっていけない……」

そこで、町内の“悪の権化”のような源兵衛と太助に、「倅を吉原に連れ出して、やわらかくしてやってくれ」と、なんともおおらかなことを訴える。そこで2人は、「お稲荷様のお籠り」という嘘をついて時次郎を騙し、吉原に泊まりに行くのだが、逆に翌日になるとあれほど堅物で女を毛嫌いしていた時次郎がすっかり馴染んでしまうという噺。

先代文楽師匠の十八番。談志の得意ネタでもあったが、完全なる文楽リスペクトの風情での演出だった。「そのまま取っておきたい形」と言っていた。

浅草の唄【あさくさのうた】

サトウハチロー作詞、万城目正作曲による関敬六の歌。

「強いばかりが男じゃないといつか教えてくれた人」という歌い出しで始まる懐かしい感じの曲調。いつの頃からか、この歌が立川流の新年会エンディング公式ソングとなった。この歌を歌い、間奏に合わせて、一方の手を前にもう一方の手を後ろに、魚が水の中を泳ぐように練り歩くのが通例。「立川流ダンス」とでもいうべきか。

この歌の後に、締めとして北原謙二「故郷の話をしよう」を合唱して一次会はお開きとなる。談志亡き後は、何事においても「決め事」を大事にしていた師匠を偲ぶ儀式のようにもなっている。

この歌を歌う度、「ああ、また1年が始まったなあ」という感慨にふけるものだ。そしてスーツ姿で働く前座さんは「早く二つ目（前座の一つ上）に昇進して紋付き袴でこの輪に加わりたいな」と思う。二つ目以上には談志に認められたという矜持を、前座さんには羨望をそれぞれ有することになるひとときだ。ちなみにこれらの歌のリードボーカルは、談四楼師匠、談之助師匠、そして志らく師匠の3人というのも定番である。

味の素【あじのもと】

「何ぞてえと、味の素だな」とよく談志は言っていたものだった。新年会の後などで

弟子を集めて、やりくり小話ならぬイリュージョン小話などを披露させていた。「『あの野郎、酔っ払ってやがんなあ』の後にオチを作れ」などといった具合にだったが、当時前座だった談々(現在は廃業)が「やっぱり、味の素には敵(かな)わねえ」とやってご祝儀をもらった。ただし語感というか、五文字の収まりのよさが好きなだけであって、必ずしも愛用していたわけではなかった。

アダチ龍光【あだち・りゅうこう】

1896(明治29)年7月20日～1982(昭和57)年10月13日。奇術師。新潟県出身。生前は落語協会所属。日本奇術協会第4代・第6代会長。本名は中川一(なかがわ・ひとし)。談志が絶大なる信頼を置いていた奇術師で、談志自身も可愛がられ、三遊亭圓生師匠もリスペクトしていた。昭和天皇の御前で奇術を披露したこともある。

あたま山【あたまやま】

落語の演目。「ケチな男がサクランボを丸ごと食べてしまったら、その種から芽が出て、伸びてゆき、やがて頭から大きな桜の木へと成長する。見事な桜ということで近所の人たちが大勢集まって花見になり、あまりに騒がしいのでその桜を根っこから抜いてしまった。するとその穴に水がたまり、やがて池になる。今度は、釣り人たちが船を出すなどしてまたまた騒々しくなってしまい、悲観した男はそこに身を投げてしまう」という話。

この遠近法を無視したような破天荒な話の展開こそ「イリュージョン」だと、談志はよく言っていた。こういう発想の柔軟性を、かつての日本人は持っていたのだ。

アドバイス【アドバイス】

つまり「おせっかいなもの」。談志には、「放っておいてもやる奴はやるし、やらない奴はやらない」という信念があった。常にそう言っていた。

ある意味、立川流の前座修行が他団体より長くかかってしまったのは、談志のそんな根本姿勢にあるかのようにいま振り返ってみて思う。これは放任主義でもあり、「本人が気づくまで待つ」という長期思考でもある。「俺は昇進基準を明確に打ち出している。なのにそれを突破しようとしないのは、当人がいまの位置が好きなんだろう。当人がその地位にいたがっているのにあえて俺が無理やり昇進させることもない」という実に合理的に処理したものだった。談志は「昇進するつもりがない」と糾弾し、弟子は「昇進させてくれない」と嘆く。この負のループから逸脱するのが大変だった。

アニさん【あにさん】

落語家の符丁。「入門したとき、真打ちの兄弟子は『師匠』と呼び、二つ目以下の兄弟子は『アニさん』と呼ぶ」という風習がある。この距離感は一生変わらない。筆者は志ん朝師匠に初めて会ったときに「談志のところの、ワコールと申します」とご挨拶したのだが、にっこり笑って「ふーん、あ、そう、ワコールってえの？　談志兄貴は面白い名前をつけるんだねえ」と例の口調で言われた。そのとき、「あー落語家になったんだなあ」としみじみ感じたものだった。

あの世【あのよ】

極楽、天国。生前から談志は、「あの世」のことを気にかけていたフシがある。「みんなが、談志が死んだとは言うんだろうな」とよく言っていた。そんな見えない世界に不安を煽(あお)ろうとするような物事をとことん嫌っていた。

「葬式はやるな。坊主が儲かるだけだ」と言い切っていたのは、その裏返しだと思う。

甘酒【あまざけ】

談志が好きだったものの一つ。寒い冬の朝、「今日はだれか一人来てくれればいいや」と言われて筆者が練馬の自宅に入ったのだが、一人ぼっちで寂しかったのか、甘酒をこしらえてくれた。「あったまっていけ」と。

「酒カスという言い方は失礼だよな。あれはコメのエキスだ。天かすという言い方も失礼だ。揚げ玉と呼ぶべきだ」などと持論を展開していたっけ。寒い冬の朝などに思い出す、ほっとあたたまるいい話の一つ。

雨の日【あめのひ】

談志は、雨が案外好きだった。前座の頃、濡らさないようにとの気遣いから、傘を差し出しても、「いい雨だ、濡れて行こうじゃねえか」と、結構な雨のときでも傘を差さずに歩いたりしたものだった。機嫌がいいとそこでおどけて天を仰いで見せ、「雨に唄えば」の一節を歌ったり、ジーン・ケリーのあのステップをまねたりしたものだった。

「雨の少ない砂漠みたいなところに雨が降りゃ、天気がいいというんだろうなあ、きっと」とはよく言っていた。雨の日になると思い出すいい思い出。そういえば、雷は特に好きだったっけ。群馬の館林では、激しい雷を見て、子供のように喜んでいた。

安藤鶴夫【あんどう・つるお】

1908(明治41)年11月16日～1969(昭和44)年9月9日。古典芸能評論家、演芸プロデューサー。義太夫の8代目竹本都太夫の長男として生まれる。「ホール落語」を定着させたといわれている。小説『巷談本牧亭』で直木賞受賞。

二つ目時代の談志を絶賛したが、その後「天狗になっている」と一転して批判。談志はそれがきっかけで後々までずっと、安藤を批判し続けた。推測だが、談志は「落語は評論家のものではなく落語家のものだ」ということを言いたかったのかも。

あんなに怒ることはねえよ、なあ?

【あんなにおこることはねえよ、なあ】

談志は無頼派のように見えて、案外、健康診断オタクだった。だからこそ破天荒に見えて75歳までの寿命を獲得したとも言える。筆者も前座の頃、早朝の定期健診に付き添ったことがある。担当の先生のところに出向いたのだが、かなり診察を待たされ、痺(しび)れを切らした談志が怒り始めた。「いつまで待たせんだ!」と。するとつかつかと山岡久乃似の看護師長さんが来て「一刻を争う急患なんです!　お静かに願います!!」と、きっぱり言い放った。談志は急に萎(しお)れてしまい、前座ごときの立場だった筆者に向かって、同意を求めるように、この言葉を吐いたのだった。攻めには強いけど、案外、守りには弱い人だった。

あ

按摩の炬燵【あんまのこたつ】

落語の演目。馴染みの按摩に身体をもませていた番頭が「寒い日は酒を飲んで温まれるものだが、自分は下戸でそれができない」と言うと、「では、自分はいくらでも酒が飲めるので、大酒飲んでその熱くなった身体で生炬燵になりますから温まってください」と言う。火の心配もないので交換条件成立。按摩は酒が飲める、店の者は按摩の背中で暖をとることができるとのことで一瞬上手(うま)くいったのだが、我も我も大勢店の者が入ってきて按摩は難儀する。そのうち小僧の定吉が寝小便をする有様。「気の毒だがもう一遍、生炬燵になっておくれ」「それはいけません。いまの小便で火が消えました」。先代文楽師匠が冬の寒さを見事に活写していた。

談志は無論、やらない噺だった。曰く「ひどい噺だ」と。ただ、「この噺をひどいと思ったところから差別は始まるのかもしれない。同情から差別というものが発生するかもしれない」と、さらに深い考察を施していた。

そういう意味で言うと、健常者、障害者と一切差別をしない談志だった。車いす芸人のホーキング青山さんもよく師匠に飲まされていたっけ。

イースター・パレード

【いーすたー・ぱれーど】

原題『Easer Parade』。1948（昭和23）年にアメリカ合衆国で製作されたミュージカル映画。チャールズ・ウォルターズ監督、フレッド・アステア主演。本来はジーン・ケリーが主役を務めるはずだったが、けがのためアステアに依頼。アステアの復帰作品となる。

「アステア命」の談志はこの映画が大好きでBSなどのテレビ欄をチェックしてはよく私に録画を命じたものだった。この中で歌われている「ステッピングアウト・ウィズ・マイベイビー」という名曲を、よせばいいのに、前座から二つ目への公開トライアル試験でのタップのBGMとして選んで大失敗した。師匠が身につけることのできなかったタップを自分がうまくできるようになればポイントは高いはずと踏んだのだが、完全にしくじった。

「俺の青春をどうするつもりだ!」とまで言われてしまった苦い思い出がある。いや、師匠との思い出のほとんどの成分は苦みでできているのだが。

言い訳【いいわけ】

談志が弟子に対して一切認めなかったものの一つ。雨の中、「タクシーつかまえて来い」との指示が下ったのだが、まったくつかまらない。「師匠、つかまりません」と答えると「お前の言い訳なんか聞いていない。タクシーをつかまえればいいだけの話だ」と、キッパリ言われてしまった。

「俺のところじゃ俺の基準で動いてもらうんだ。よそとは違う!」という、厳しめのメッセージに変換するようにつとめたものだった。言い訳を認めない冷徹さがないと、前座修行はまっとうできないものなのだ。ある意味、弟子を峻別（しゅんべつ）するためのフィルターとして機能させた言葉だったのかもしれない。

新幹線の見送りに遅れた新弟子が、「電車の事故で遅れました」と答えた際にも「言い訳はいらない!」と一刀両断だった。案の定、その新弟子はすぐにやめた。「嫌ならやめろ」。ただそれだけなのだ。

以来私の人生においては、「言い訳」するよりもまず謝罪するクセがついてしまった。そのおかげで我が家の夫婦関係は円満である。言い訳をしないですぐ謝る作法……これはどこでも使えます。

家元制度【いえもとせいど】

1983（昭和58）年の、弟子の真打ち昇進問題をめぐる諍いが発端となり、立川流が創設されるに至ったのだが、その際、談志自らが家元となる家元制度が導入された。これがいわゆる弟子たちから上納金を取ることに対する合理性をも帯びることになった。生け花や日舞などと同じ理屈なのだ。

「弟子から金を取るんですか?」という周囲からのぶしつけな質問に対して「同じ質問を踊りのほうに持っていきな」と答えていたものだった。自らを呼称する際にも好んで「家元」と名乗っていた。さすがに弟子は師匠に面と向かってはそんな呼び方はできなかった。

本当に家元制度を貫くのならば、弟子が談志の名を継ぐべきなのかもしれないのだが、誰も継ぎたがらないというその辺のいい意味でのアバウトさが落語家のよさなのかもしれない。基本すべてシャレなのです。

医学【いがく】

「地球から何万光年も離れた惑星のことなどを研究する天文学などはあれだけ発達したのに、なぜ自分のことにつながる医学はかくも遅れているのか」と、よく言っていたものだった。

「医学は『疝気の虫』から学べ。もっと病気と対話してみればいい」とも。「がんにはがんの立場があるからああいう悪さをするんだろう。向こうの言い分にも素直に耳を傾けるべきだ」。

「病は気から」ならぬ「医学は対話から」。対話というのは、説得でも説き伏せでも折伏でもない。対等な立場での会話のはず。「俺の落語論を凌駕するようなものを持ってこい」と前座にまで発破をかけていた。対話好きな人だった。

怒り【いかり】

「共同価値観の崩壊」と定義していた。例えば、新入社員が、先輩社員が大勢いる飲み会などの場面で、「私、帰りますから」と言うと「なんだ、お前もう帰るのか!?」と激怒に発展するのは、「新入社員は最後まで残っ

てすべてを処理してから帰るものだ」という共同の認識が、その行為によって揺らぐからだ、と分析していた。積み上げてきた価値観という信頼関係の塊こそ人間関係の肝なのだ。

筆者は談志を怒らせてきたという長年の自負があるが(やな自負だ・笑)、怒る度にいちいち理詰めで説明されたものだった。その分、耐性はつき精神的にタフにはなれたけど、ほんと辛(つら)かったなあ。一門の弟子たちはこれで鍛えられる。ちなみに「俺を怒らせなかったのは、談幸と志の輔だけだった」とは、よく言っていたっけ。

石原慎太郎【いしはら・しんたろう】

1932(昭和7)年9月30日生まれ。元政治家、作家。元東京都知事。兵庫県神戸市出身。神奈川県立湘南高校を経て一橋大学法学部卒業。1956(昭和31)年、デビュー作の『太陽の季節』で第34回芥川賞受賞。1968(昭和43)年、参議院議員に初当選。以後、衆議院議員に転じ、運輸大臣などを歴任し、1999(平成11)年、東京都知事に当選。4期つとめる。談志とは、無二の親友といってもいいほどの存在。よく「ふざけんなてめえバカヤロー!」などと、電話口でやりあっていたのを見かけたことがある。まるで子供のケンカのようだったが、石原さんも師匠に会うと安心してガキになれるようなところがあった。

談志との過去の雑誌での対談などを読むと、「純粋保守派の政治家」としての談志の資質を高く評価していたフシがある。若い頃からの付き合いで、談志も「石原と会って石炭たかれると元気になる」などと最晩年まで、その親交は続いていた。談志の「お別れ会」では、いかにも石原さんらしい弔辞を読んだ。

伊勢丹【いせたん】

1886(明治19年)創業の老舗百貨店。新宿が本店。2011(平成23)年4月1日、株式会社伊勢丹は株式会社三越に吸収合併された。則子夫人(談志は「ノンくん」と生涯にわたって呼び続けていたお内儀さん)が大好きなデパート。

昭和50年代前半の頃か、練馬に引っ越した師匠だったが、お内儀さんは、「伊勢丹が遠くなるから」とのことで、拒否した。以後、「練馬は苦手」と、お内儀さんは言い続けた。師匠は仕方なしにほぼ一人で練馬に住むことになった。

い

田舎者【いなかもの】

談志が唾棄していたものの一つ。だがこれは、決して地方出身者への侮蔑ではない。「田舎者とは出身地のことではなく了見のことだ」と常々言っていたのが、何よりの証拠である。

「カネで解決しようとする人」「恥も外聞もない人」「下品な人」「分をわきまえない人」「デリカシーのない人」……談志の定義によれば、みんな田舎者である。筆者も前座時代は「常にそうならないようにふるまうこと」にしていたものだった。

居眠り裁判事件

【いねむりさいばんじけん】

1998年12月、長野県飯田市にて開催された立川談志独演会にて、観客として来ていた男性が居眠りをしていたところ、談志が「あの状態では落語はできない」と中座したため主催者Kさんが、その男性に退席を求めた。

するとその居眠り男性が「落語を聞く権利を侵害された」と主張し、Kさんを訴えたという裁判。無論、訴えられ被告となったKさんの勝利となったのだが、談志のそばにいると嵐が巻き起こるという見本かもしれない。そんな面倒くささも含めての談志の魅力なのだろう。

居残り佐平次【いのこりさへいじ】

落語の演目。佐平次という強烈キャラの男がタダで遊郭遊びを仕掛け、案の定、金が払えなくなり、その店に「居残り」として布団部屋に逗留（とうりゅう）し、未納の代金分を働いて

返そうとする。

話はそれで終わりではなく、ここからがすごい。彼は想定以上の振る舞いをやってのけ、持ち前のコミュニケーション能力を発揮し、その店のトラブルバスターをも兼ねるような存在にまでなってゆく。

まるで談志のキャラと佐平次のキャラがかぶるかのようなアナーキーな展開で、落語評論家の間でも「談志のベスト名演」とも評されている。気分が落ち込んだときに聞くべき話の一つ。

威張ったフリをしている奴が必要

【いばったふりをしているやつがひつよう】

よく対談などで、「威張ったように見えている自ら」を評して言っていたセリフ。「自分の言動が他者にどのような印象を与えているか」というメタ認知に優れた師匠だった。

自らを肯定するかのようでもあるが、「立川談志という作品を演じていた」という何よりの証拠のような言葉でもある。きっとその孤独感は誰にも打ち明けられなかったんだろうなあ。素顔は優しい人だった……。

イリュージョン【いりゅーじょん】

49歳で、落語の定義「落語とは人間の業の肯定」をやってのけた談志だったが、さらにすごいのが、その定義をずっとアップデートし続けてきたことだ。60歳過ぎあたりからさかんに「落語はイリュージョンだ」と言い始めた。「人間の会話なんてもともとロジカルなんかじゃない。イリュージョンだ」と。

楷書を学び、いまだそのレベルにしか達していない私のような弟子からしてみれば、お手本の先生が抽象画を描き出したような感覚だった。

色川武大【いろかわ・たけひろ】

1929(昭和4)年3月28日～1989(平成元)年4月10日。作家、別名・阿佐田哲也、井上志摩夫。小説家、エッセイスト、プロの麻雀士として活躍し、阿佐田哲也の筆名で『麻雀放浪記』を執筆し、談志は「兄貴」と呼ぶほどに慕っていた。

その交遊録の中で、談志の「眼の確かさ」を特にほめたたえていた。「芸に対してこれほど烈(はげ)しい関心を抱き、また正しい眼を持っている男を、私は見たことがない」とまで言い切っていた。

後年、談志がよく「俺には人を見る目だけはあるからな」と言っていたのはその裏付けあってのことか。立川流顧問でもあり、伊集院静氏の著書『いねむり先生』のモデルでもある。伊集院氏も談志を愛し、談志も伊集院氏を敬愛していた。とにかく、「この人は!」と見込んだ人の懐に入るのも、ずば抜けてうまかった談志だった。

色物【いろもの】

落語用語。寄席で落語以外のジャンルの芸能をそう呼ぶ。落語家が黒字で表示されたのに対し、それ以外は赤字だったことからこの呼び名がついた。

う

嘘【うそ】

談志は「オトナの嘘」に人一倍敏感だった。終戦後、「実はあの戦争は間違っていた」という国全体の嘘に接し、学校では、オトナの代表である先生の嘘を見抜いていた。読んでいた落語全集を取り上げられ、「君のためだ!」とビンタをしてくる連中が繰り出すあらゆる嘘に辟易(へきえき)し、「落語だけはウソをつかない」と救いを求めるようにのめり込んでいった。

「人間なんて眠くなれば寝ちまうもんだ。やるなと言ってもやってしまうもんだ」という後年の「人間の業の肯定」という偉大な定義は、少年期の戦中戦後の原体験が、大きくその下地となっていたのではと察する。極右的な思考だったが「俺たちは天皇陛下に騙され続けた」とはのべつ言っていたものだった。

内田春菊【うちだ・しゅんぎく】

1959(昭和34)年8月7日〜。漫画家、小説家、エッセイスト。女優としても活躍。本名は内田滋子(うちだ・しげこ)。立川流Bコース門下で「立川於春の方」という芸名を名乗っていた。1993(平成5)年に発表した小説『ファザーファッカー』がベストセラーになった。

鵜の木【うのき】

東京都大田区の町名。ここに談志の実家があった。小さい頃からよく引越しをし、小石川原町から白山御殿町、蒲田、浦賀、下丸子、そして鵜の木に落ち着いたとのこと。小学校から鵜の木に定着した。

筆者が弟子となって初めて師匠にサシでついたのは鵜の木の実家だった。事務所に届いた師匠宛ての郵便物を鵜の木に届けたのが、弟子としての初めての仕事だった。あの日が人生最高の喜びの日だとすれば、その日以降前座を終えるまでが、人生の暗黒時代だった。多摩川べりを2人で散歩し、「とにかく落語は大きな声でやれ」とアドバイスをいただいた。弟子と2人きりになると優しくなる人だった

ちなみに「鵜の木のお母さん」といえば談志のお母様のこと。前座時代はよく鵜の木のお母さんからお電話をいただいた。「あんた、こないだ、しくじったんだって? 師匠かなり怒ってたわ

よ」と言われたものだった。よく喋る親子だった。こちらのお母さん、かなりのご長命で、息子よりも長生きし、100歳を超えるまでお達者だった。

上手いという基準【うまいというきじゅん】

談志は晩年、特に「芸の基準」がなくなりつつあることを嘆いていた。入門した頃の真打ちでは、「桂文楽、古今亭志ん生、三遊亭圓生、桂文治、春風亭柳好、三笑亭可楽」をよしとしていた。落語は「型」がある芸術ゆえ、その完成型を目指すとすれば、「上手さ」に向かうのが常道なのだろう。

そして真打ち昇進トライアルのときに「金玉医者」を演じた後には、「お前もいつかは俺みたいに下手にやりたくなる」と言っていた。「最後には狂うはず。そうならなきゃ嘘だ」とも。まだまだその兆しはまるで見えない私である。

あるときから談志は「上手さ」に拘泥することなく落語を自由に演じるようになっていった。「上手さ」を拒否したというより、「上手くやることに飽きが来た」とは、よく言っていたものだ。

右翼のTシャツ【うよくのてぃーしゃつ】

談志宅にはいろんなものがあった。中核派のヘルメットから某右翼団体のTシャツまで、左右のバランスが取れていた。中でも右翼団体のTシャツは大量にあり、形見分けのときにももらえたほどだった。談志はその団体名がプリントされたTシャツを着てNHKのインタビューに出演したことがあった。案の定、そのプリント部分にはモザイクがかけられていた。

映画狂【えいがきょう】

『イースター・パレード』『バンド・ワゴン』『雨に唄えば』などの明るいミュージカル映画の他に、ビリー・ワイルダー（1906年6月22日～2002年3月27日、アメリカの映画監督、脚本家、プロデューサー）を、こよなく愛していた。「ワイルダー作品を1本だけ挙げるならば『情婦』」とよく若い人向けに言っていた。

「マリリン・モンローのよさは、そのセクシーさではなく可愛らしさだ」として、『お熱いのがお好き』も好み、元気な頃は週に2回ぐらいは試写会に足を運んでいた。

タップダンス教室に通う人間模様を描いたライザ・ミネリ主演『ステッピング・アウト』（1991年公開）は、一緒に観させてもらっていたが、感極まって人目もはばからず号泣の涙だった。そんな影響を受けて、筆者自身も台湾のホウ・シャオシェン監督作品が大好きになった。プレストン・スタージェス監督の『サリヴァンの旅』は、師匠と観た中でナンバーワンの面白さだった。

永六輔【えい・ろくすけ】

1933（昭和8）年4月10日～2016（平成28）年7月7日。ラジオパーソナリティ、タレント、随筆家、放送作家、作詞家。作詞家としての代表作に「黒い花びら」「上を向いて歩こう」などがある。「書けて喋れる」という放送作家の草分け的存在の方で、談志とは同世代で価値観も近かったのだが、入門前は「犬猿の仲」と聞いていた（後年それが2人による演出のようだったと知る）。青島幸男さんが都知事になったあたりからか「反青島」的な考え方を共有する形で近づいた覚えがある。

永さんには筆者も打ち上げで何度かお会いしたが、当時は身体の頑丈さに驚いたものだった。談志の著書『現代落語論』（三一書房）を、ことのほか評価していた。永さんに近しい人が、私の最初の著書『談慶の意見だ 絵手紙集』（信濃毎日新聞社）という絵手紙本を献本してくださっていたようで、ご愛顧いただいていたことを、亡くなった後、知った。談志ともども、「こんにちは、憲法くんです！」で有名な芸人の松元ヒロさんを、こよなく愛していた。

えじゃないか【えじゃないか】

談志が編集長を務めた「非常識」を全面に訴えるべく創刊された隔月誌。90年代初頭、風俗情報誌のナイタイから出版されていた。「やってみたい犯罪ベスト10とかは？」などと談志も編集会議で積極的に発言していた。

その過激さゆえ、現場では空回りすることが大きかった模様で、なかなか談志の意図も伝わらず、結構なストレスが誌面にも反映される結果となってしまい、あえなく数回で中止となってしまった。個人的には非常にツボな内容もあり面白かったのに、残念である。

短命雑誌だったが、編集長として差配する談志の姿を目の当たりにして、「物書きの方面も面白そうだなあ」と思ったものだった。

エス【えす】

イドともいう。精神医学者・フロイトが提唱した精神分析の用語。精神分析では、本能的衝動（リビドー）の貯蔵所で、快感原則に従って快を求め不快を避ける機能を有するとされる。したがって自我や超自我と葛藤を起こす。

談志はよく好んで「常識で押さえつけられたエスを解放してやるのが芸能の、芸人の本来の役目だった」などと、口癖のように言っていた。「非常識の範疇（はんちゅう）に属す、抑えきれない情動のような欲望」、すなわち「業」のようなイメージで捉えていたようである。

江戸っ子【えどっこ】

江戸から明治に向かう過渡期、いわゆる御一新のときに「徳川家サイドにつくか、薩長土肥につくかが、江戸っ子の定義だ」とは、

よく談志が言っていたものだった。「落語は江戸の郷土芸能」であるとも。

江戸を愛するか、明治を愛するか。極論すれば文明を愛するか、文化を愛(め)でるか……である。3代住んでいるだけが江戸っ子ではないのだ。「江戸の風」を心地よしとするのが江戸っ子なのだろう。地方出身の弟子も受け入れていたというのは、「了見」を問うてのことだったはず。

江戸の風【えどのかぜ】

談志が晩年近くになって主張し始めた"憧れとする落語の姿"を一言で言い切ったもの。「そこに江戸の風の匂いがあるかどうか」に異様にこだわった談志は、結果として、前座が二つ目に昇進するための基準として「歌舞音曲のまっとう」に、とことんこだわりを見せるようになる。「立川流は前座期間が長い」という評判と、密接なつながりを持つ言葉でもある。談志亡き後は、この言葉が落語の未来像を象徴するようになる。談志はこの言葉を残して、風のように去って行った。

NBA【えぬびーえー】

「National Basketball Association、ナショナル・バスケットボール・アソシエーション」。北米で展開する男子プロバスケットボールリーグのこと。トリビアネタだが、談志は意外にもNBAファンだった。雑誌『HOOP』のインタビューに答えたこともあった。ロサンゼルス・レイカーズ、サクラメント・キングスや、かつてキングスにいたジェイソン・ウィリアムズなどが好きだった。

オオカミの桃【おおかみのもも】

北海道上川郡鷹栖町名産のトマトジュース。お客さんから談志の家に送られてくる好物だった。トマトは健康を保つ栄養素が豊富とのことで、「トマトが赤くなると医者が青くなる」ということわざが記されていた。談志が大事に少しずつ飲んでいたそのトマトジュースを、前座の頃キウイ兄さんは練馬に来たお客さんに大盤振る舞いしてしまい、談志は翌日怒っていた。その一部始終を見ていた國志館（現・三遊亭全楽）が「キウイがトマトジュースを注ぐと談志が青くなる」という名言を吐いた。

大津絵【おおつえ】

寄席の踊り。通称「ども又」。歌舞伎の「傾城反魂香」を題材にした踊りで、吃音の又平という男が描いた絵からいろんな人物が飛び出てくるユーモラスな舞。主にかっぽれの道場で教わる。筆者はこの踊りで二つ目昇進を確定させることができた。ちなみにかっぽれの道場では、「かっぽれ、奴さん、深川、大津絵、伊勢音頭」を基本五曲と呼び、徹底的に習ったものだった。

大平正芳【おおひら・まさよし】

1910年（明治43年）3月12日～1980年（昭和55年）6月12日。香川県出身。東京大学法学部卒業後、大蔵省に入省し、池田勇人の秘書官を経て政界入り。第68、69代内閣総理大臣。宏池会会長。田中角栄内閣の外相として日中国交回復に貢献。19歳のときに洗礼を受けたキリスト教徒。

談志は参議院議員時代に大平派に所属していた。自宅のローンを組んでもらう際、借金をしたのだが利息がついていた。「利息をつけるくらいなら頼まない！」と立腹して抗議すると、「利息をつけておかないと君のプライドが許さないと思った」と言われてしまい、「参った。あっぱれだ」と脱帽した（談志は、こういう粋な会話を常に求めていた）。無類の読書家だったとのことである。

沖縄開発庁政務次官

【おきなわかいはつちょうせいむじかん】

現在の沖縄振興局。1972年5月15日の沖縄返還により沖縄県が日本の施政権下に復帰したことを機に、沖縄振興開発計画の所管官庁として沖縄開発庁を設置した。

1971（昭和46）年の選挙で参議院議員に当選した談志は、1975（昭和50）年12月には沖縄開発庁政務次官に就任。しかし、在任期間わずか36日。1976（昭和51）年1月20日、記者クラブで海洋博閉幕の記者会見にサングラス姿で、しかも二日酔いのまま臨んだ。「酒と公務とどっちが大事だ」という記者団からの質問に対し、「酒に決まっているだろ」という歴史的発言をしたのである。最近の政治家の失言なんか、可愛いらしくさえ思えてしまう出来事でもある。

沖縄の海【おきなわのうみ】

談志はとりわけ、慶良間（けらま）諸島の海を愛していた。中学時代は水泳部だったということもあって泳ぎはかなりの腕前で、元気なころはよく泳ぎに行ったものだった。やはり芸人らしく、日焼けするのを嫌がっていたようで、「白い長そでの下着に、パッチを穿いて、往年のプロレスラー・デストロイヤーさんからもらった白覆面着用」という全身真っ白の異様な風情で、素潜りを楽しんでいた。

お中元・お歳暮

【おちゅうげん・おせいぼ】

談志がこだわった「しきたり」の一つ。「落語家たるもの、古いしきたりを大切にすべき」だという考えだが、その一方で「個々でバラバラに持って来ても迷惑するだけだ。俺が欲しいものを指定するから、頭割りしろ」と、しきたりを「アップデート」させていた。

「年番」という形で、真打ち・二つ目それぞれ1名が年度ごとの当番となり、師匠にお伺いを立てて、ウォッシュレット、クーラー、ガス給湯器などを割り勘にして贈った。合理性を重視した談志だった。

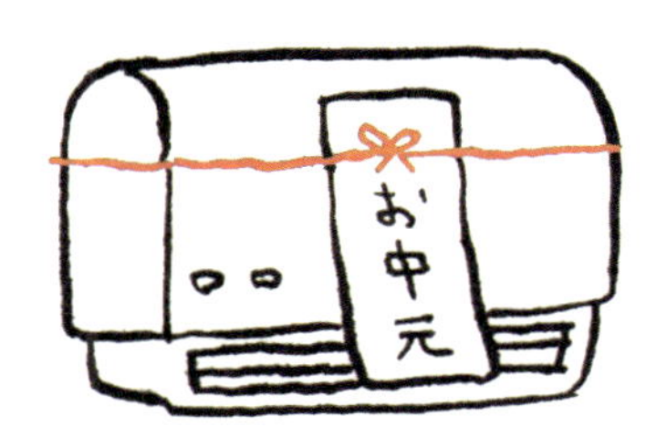

お年玉【おとしだま】

前座さんならば、お正月には必ずもらえる臨時収入。二つ目以上の先輩からもらう。これがバカにならない。人数の少ない立川流ですら結構な額になったのだから、落語協会の前座さんなどにとっては相当な額となっているはずだ。筆者は9年半も前座をやっていたのだから、9年半もらい続けたということだ。師匠が元気な頃は一門の新年会で直(じか)に手渡しでいただくのだが、その際弟子一人一人に向けて声をかけてくれていた。前座後半期は「早く二つ目になれ」との言葉ばかりだった。師匠からのお年玉は、前座のみならず真打ちの弟子ももらえるとあってみなさん童心に帰ったように嬉々としていたものだった。ちなみにその金額は1万円。「上納金の還付金みたいだね」とはよく聞いた。

同じ野球でも違うルールなんだ

【おなじやきゅうでもちがうるーるなんだ】

落語家数多(あまた)ある中で、なにかにつけ談志と比べ評されたのが古今亭志ん朝師匠。それもあって周囲が待ち望み続けた「談志志ん朝二人会」だったが、とうとう実現できなかった。

落語界を席巻する2人に対して、様々な評論家やら落語マニアやらが、両者の違いをなんとか定義づけようとはしていたが、談志自らはそんな風潮に対して、実のところ困惑していたようだった。「同じ野球でも……」というのは、「タイプが違うんだから、安直に一緒にしないでもらいたい」という願いというか、訴えが窺(うかが)い知れる言葉である。

志ん朝師匠が亡くなったすぐ後の高座で、「志ん朝の分まで頑張るか」と自らを鼓舞するかのようにマクラでつぶやいていたことが忘れられない。

筆者は志ん生師匠のご長女、美濃部美津子さんからの「強次（志ん朝師匠の本名）が亡くなって、談志師匠がその分まで負わなきゃいけなくなりましたね」との言葉を、談志に伝えたことがあるが、そのとき、ふっと悲しげな笑みを浮かべていたのが印象的だった。

小野巡【おの・めぐる】

1910（明治43）年3月18日～2009（平成21）年6月22日。元歌手。山梨県甲府市出身。本名は小野章高（おの・あきたか）。妻は元歌手の大宮小夜子。銭湯で歌っていたところをスカウトされる。当時は巡査を拝命しており、その「巡」が芸名になった。

談志は彼の持ち歌「守備兵ぶし」「音信はないか」「西湖の月」などの戦時歌謡が大好きだった。後年引退し、常陸大宮で文房具屋を営んでいた。

お墓参り【おはかまいり】

談志の眠るのが、東京メトロ南北線・東大前駅から徒歩3分のところにある「本郷さくら霊園」。極力月命日である21日にはお参りするようにはしているのだが、なかなかそれができていない。筆者にとって、ここはなにより「相談場所」でもあり、抱えきれないような面倒くさいことを背負い込むごとに訪れる。「死んでまで迷惑をかけやがって」は落語の演目「らくだ」の中のセリフだが、師匠は「死んでまで（俺に）迷惑をかけやがって」と苦笑しているんだろうなあ。

おはようございます【おはようございます】

筆者が初めて兄弟子から教わったのが、師匠や兄弟子への挨拶「おはようございます」だった。落語界をはじめ芸能界のしきたりでもあった。昼過ぎだろうが夜中だろうが、その日に初めて会うときはかならず「おはようございます」なのである。違和感があったのは最初の頃だけで、慣れてくると、「こんにちはには、敬語が込められないもんなあ」と思うようになるものだ。初めて談志に会うという前の晩、当時3歳の長男坊は、何度もこの挨拶の稽古をしたものだった。

怯えを正当化するな
【おびえをせいとうかするな】

筆者が入門して間もない頃、一人の兄弟子が師匠の元を去って行った。そのときに談志に言われた言葉。彼我の差を痛感した上での師弟関係の解消のようだったが、師匠に言わせれば、「そんなのはわかり切ったことではないのか？　だったらその差をいくらかでも埋めようとするのが弟子の務めじゃないのか。俺に対して怯えていることをなぜ理由にするんだ。怯えることだけで許されるとでも思っているのか。ロジカルで向かってこい」ということではなかったのかと思う。

すごすぎる師匠を持ったのだったら「怯え」という感情すらも、前向きに受け止めなければならないのかもしれない。あのとき、師匠の荒れ具合に初めて接して驚愕したものだった。いま思うと、弟子が辞めるというのは、やはり相当なショックだったのだろう。まして長年いた弟子だからこそ、余計そうだったはずだ。

この一件から、自分から師匠に辞めると切り出すことはできないなあと痛感したものだった。辞めるとしたら、天下の談志をも説得させてしまうほどの圧倒的な論理が必要だ。そう悟った瞬間だった。

お

思い出ぼろぼろ【おもいでぼろぼろ】

談志が好きな歌の一つ。阿木燿子の作詞で、1976（昭和51）年9月1日、内藤やす子がリリースした3枚目のシングルで累計売上80万枚というヒット曲。この歌で彼女は「第18回日本レコード大賞・最優秀新人賞」を獲得した。

俺、おじさんだもん
【おれ、おじさんだもん】

落語の演目「付き馬」の中の早桶屋の主人のセリフ。

「この先に、叔父さんがいるから待ってて」と妓夫（吉原の男性店員）に伝え、中に男が入ってゆく。やがて男は「俺の遊んだ金はこの叔父さんが面倒見るから」と去ってゆく。妓夫はその男のこしらえた遊興費は叔父であるそこの主人が払うものと思い込んでいるがどうにも話が嚙み合わない。やがて主人と男は無関係と察した妓夫が、「だったらあなた、叔父さん、叔父さんと言われて返事をしてたじゃありませんか?」と問いただしたときに、主人がぼんやりとこの言葉を吐く。

談志はこの言葉を「落語の中の落語のような言葉」と評していた。「相互の思い込み違い」というアンジャッシュさんのネタのような笑いが起きる。遠くでカラスが鳴いていそうな雰囲気の脱力感あふれる言葉だ。落語はこんな言葉だらけだ。

俺が嫌ならば俺を超えてゆけ
【おれがいやならばおれをこえてゆけ】

談志の口癖だった。前座時代幾分機嫌がいいときにはよく言われたものだった。人一倍感受性の強い人が、弟子に向かって「不合理と矛盾に耐えるのが修行だ」と言い放つというのは、弟子がいま何をどう感じているかを、常に把握している状態ともいえるだろう。「そうなんだよ、師匠を否定したかったら超えてしまえばいいんだ」、「俺を超えることは否定しない」という深い意味があった。それにしても、自分に自信がなければ、絶対に言えないセリフである。

俺がここまで来られたのは、教えてくれた奴のダメさ加減に気づいたからだ
【おれがここまでこられたのは、おしえてくれたやつのだめさかげんにきづいたからだ】

筆者が二つ目昇進の内定をもらったときに、談志に言われたセリフ。踊りと唄が昇進のネックになっていた頃だった。特に唄は「落語の中で唄う鼻唄レベルでいい」というのに、わざわざ小唄を習いに、近所の教習所まで月謝を払って通っていた。でも通えば通うほど、談志の求めていた基準からずれてゆく。そのジレンマが激しくなって、談志はこう言ったのだ。決して教えてくれた人に対する敬意のなさからではない。「常にこれでいいのか」というアップデートをせよという、ある意味、教育の本質を表す言葉として、いまは捉えている。

俺がついている、心配するな

【おれがついている、しんぱいするな】

　談志が長女の弓子さんに生前言っていた言葉。長男の慎太郎さんを含めて、実子のお二人のみならず、弟子に向けても響く言葉のように感じる。いや、そうとしか感じられない。自分と縁のある者は絶対裏切らない人で、その言葉を、いまだに守り続けてくれている。箸にも棒にもかからない、どうしようもない前座だった筆者が、この本も含めて12冊もの本を、この出版不況の中刊行できているのがその何よりの証拠だ。筆者も、この言葉は受け継ぎたいと思っている。

俺のところにいたメリットは、10年後、20年後に享受できるんだ

【おれのところにいためりっとは、じゅうねんご、にじゅうねんごにきょうじゅできるんだ】

　なかなか二つ目に上がれないでもがいていた前座後半期に、筆者が談志から言われた言葉。言外に「俺にそんなことまで言わせるな！」という意味が込められていた。その当時はまったく理解できなかったが、いま、その言葉の証明として、この本を書いている。談志の弟子でなかったら500項目もの言葉は挙げられなかったはずだし、挙げられたとしても『辞典』になんかならなかったであろう。

俺らしくていいや

【おれらしくていいや】

　喉頭がんが進行し、談志に声帯に取る旨を伝えた長女の弓子さん。

「パパから声を奪うなんてひどいよね」と言ったときに談志が発した言葉。相手に負担や不安を与えない談志らしいダンディズムあふれるセリフだなあと、グッときてしまった。

　自分が同じような境遇に陥ったときに、そんな心構えができるか、はなはだ不安だ。最後の最後までカッコいい人だった。その匂いだけでも受け継ぎたいものだ……。

俺を快適にしろ

【おれをかいてきにしろ】

　筆者が、入門初日に言われた言葉。上納金システムと「古典落語50席と歌舞音曲（かぶおんぎょく）」という明確な昇進基準が設定されていたため、しっかりと談志という教師がいろいろと教えてくれるのかと思って入門した筆者に対して、ある意味、天地をひっくり返すほどの響きをもたらした言葉。

「師匠に何かをしてもらうのではなく、師匠に対して何ができるか――」

　当初は戸惑いしかなかったが、いま考えてみると、「俺を快適にする中からお前たちの芸人としての可能性を見極めてやろう。どのように俺を快適にするかはお前らにまかせる。主体はあくまでも受信者であるお前らだ！」という姿勢であったとしか思えない。立川流は、どこまでも「受信者中心」の世界だったのだ。

海水浴【かいすいよく】

「沖縄の海」の項目同様、夏になると海に行くのが好きな師匠だった。筆者が入門1年目の頃、当時風俗情報誌を出版していた『週刊ナイタイレジャー』のM社主と談志が仲良くしていた関係で、ナイタイの船「ケイグレイス号」という客船で伊豆七島ツアーに出かけた。初めての師匠との同行で右も左もわからなかった日々で、怒鳴られてばかりだったっけ。おまけにずっと船酔いが続いていたので、キツかった思い出しかなかった。

夜になると酔っ払った師匠が、「カラオケ歌え！　俺の知らない歌を歌ったらクビだ！」という厳しく激しい「縛り」を設定し、恐怖心しかない中で怯えながら「憧れのハワイ航路」を歌った。後にも先にもあんなに辛いカラオケは初めての経験だった。

戒名【かいみょう】

仏教において受戒した者に与えられる名前。日本の場合、あの世に行き成仏するという発想が定着し、亡くなった後仏弟子となるという意味で故人に戒名を授ける風習となった。談志は生前から、「葬式なんかやるな。坊主が儲かるだけだ」と公言して、現代日本仏教を否定していた（その割には談志を敬愛する仏教関係者が日蓮宗を中心に多かったのが興味深い）。

そのような考えからか、生前から自らの戒名を「立川雲黒斎家元勝手居士（たてかわうんこくさいいえもとかってこじ）」と決めていた。いま墓石の脇にこの戒名が記されている。戒名で商売していることへの痛烈な批判とも取れるが、墓参りの際この戒名を見つめるとき、いつも、「自らをシャレのめす茶目っ気こそが芸人なんだぞ」と言われているような気になる。

ガキが悪くなるのはオトナのせいだ【がきがわるくなるのはおとなのせいだ】

談志は、いつもこう言っては若い人の肩を持っていた。これほど若い人の味方を表立って宣言している言葉はないように思う。自分自身の少年期に騙され続けてきたオトナたちに反旗を翻しているようにも取れる。

「子供はそれほど大人たちの影響を受けやすい取り扱い注意物件なんだぞ」というメッセージは、現代の子育てにもつながる。実際この言葉を戒めとして、筆者は子育てに励んでいる。

牡蠣のムニエル【かきのむにえる】

牡蠣を溶き卵に潜らせ、小麦粉をまぶし、塩胡椒を適当に降り、バターで焼く。談志から教わったレシピだけど、ほんと美味（おい）しいです！　歌舞伎町にあったキラー・カーンさんの店では定番メニューだった。おすすめします。牡蠣は生、蒸し、焼き、フライだけだと思っていたら、ムニエルもいけます。ちなみに吉田沙保里さんが「牡蠣は殻ごと食べている」というのは本当でしょうか???

学歴ではなく落語歴

【がくれきではなくらくごれき】

東京高等学校を1年で中退して落語家になった談志だったが、「俺には学歴はないが落語歴はある」と、常々言っていた。持ってみて改めて"さほど意味のないもの"とわかるのが学歴なのかもしれない。筆者はしみじみ、そう感じている。大学にさえ入れば黙っても寄与される学歴に対して、談志の落語歴は日々の格闘との積み重ねで勝ち取り、ついには天下を取った自負に基づくすごみのあるものだった。学歴が問われる時代は終わった。〇〇歴という〇〇の中に入る言葉で、真価が問われる世の中なのだ。

笠碁【かさご】

落語の演目。「碁敵(ごがたき)は憎さも憎し懐かしし」というぐらいに切っても切れないほどの仲。ある日仲のいいはずの2人がひょんなことから喧嘩(けんか)となり、それがエスカレートしてしまい、その日を境に一切会わなくなる。勘弁できないとは言いつつも、やはり相手があってこその碁である。

ある雨の午後、笠を被って相手がやってくる。すぐに意気投合し仲良くなった2人。碁盤にポタポタ落ちる水滴を見て、「ああ、お前さん、笠を被ったまんまだ」……。先代金原亭馬生師匠、5代目柳家小さん師匠の名演が光る。

師匠は、オチを変えていた。「このオチは無理がある」と。碁を打ちながら、「待ったッ」「また、待ったですか?」「まだ被り笠を取っていない」。フェイドアウト系のしみじみ系のオチよりも、カットアウト系のあざやか系のオチを好んでいたような師匠だった。

春日八郎【かすが・はちろう】

1924（大正13）年10月9日～1991（平成3）年10月22日。福島県出身の演歌の大スター。本名は渡部実（わたべ・みのる）。

「赤いランプの終列車」「お富さん」「別れの一本杉」などのヒット曲があるが、談志が特に好きだったのが「青い月夜だ」（1954年発売）だった。入門してまだ半年ぐらいの頃か、お通夜の晩に師匠に同行させていただいた思い出がある。遺族とともに泣きながら春日さんの持ち歌を歌っていた師匠を思い出す。「俺の青春だった」とつぶやいていた。レコード総売上枚数は7000万枚を超える。

数の符丁【かずのふちょう】

数字の1、2、3、4、5、6、7、8、9を落語家ではそれぞれ、「ヘイ、ビキ、ヤマ、ササキ、カタゴ、サナダ、タヌマ、ヤワタ、キワ」と呼ぶ。

お客さんの前で金額の話をすることを避けるための配慮で、この勘定の仕方は床屋さん業界と同じ。「ビキジュウでつないで」は、「20分間つないで」という意味。落語家なら真っ先に身につけるべき常識の一つ。いまだから打ち明けられるが、談志は都内で開催する弟子の会には「ヘイジュウ」（10万円）で出演してくれたものだった。

片棒【かたぼう】

落語の演目。石町に住む赤螺屋吝兵衛は、ケチで財を成した男。自分のこしらえた身代を3人の息子に譲ろうと考えるのだが、誰にしようかと迷っている。そこで番頭が「旦那の葬儀をどのように仕切るか、聞いて試せばいいのでは」とアドバイス。

旦那も同意し、長男の金に聞くと通夜も派手に盛大に2日かけてやると言い出し、却下。次男の銀は、とにかく派手好みでまるで祭りのようにやろうとするのでこれまた却下。三男の鉄のみが、質素を極めてやると宣言。出棺の時間をずらすなどの香典丸儲け策の提案、さらには遺体も物置に眠っている菜漬けの樽に入れて、2人で担ぐというのに旦那は大喜びする。

最後に三男が「片棒は私が担ぎますが、もう片方は人足を雇うことになりますが」と言うと旦那が「心配するな。もう片棒はおとっ

つぁんが担いでやる」……。談志はこの落語を自らはやらなかったが、このオチの秀逸さを訴えていた。

勝新太郎【かつ・しんたろう】

1931（昭和6）年11月29日～1997（平成9）年6月21日。俳優、歌手、脚本家、映画監督、映画プロデューサー、三味線師範・2代目杵屋勝丸と、多方面で活躍。本名は奥村利夫（おくむら・としお）。

長唄三味線方の杵屋勝東治の次男。俳優の若山富三郎は2歳年上の兄。妻は女優、タレントの中村玉緒。市川雷蔵とともに大映で活躍。その後は「勝プロダクション」を設立し、劇場用映画やテレビ作品などの製作にも携わった。通称、勝新（かつしん）。豪快なイメージがあるが、ファンを大切にする人でサインは決して断らなかったという。薬物使用など何度も不祥事を起こしはしたが、愛された理由はそこだったのだろう。

筆者は「先代中村勘三郎丈」の10回忌法要の席で、ご本人を見た。自ら談志に近寄り握手を求めたが、談志は照れくさそうに「影で悪口言わせてもらっています」と言うと、ご本人は笑いながら「どんどん言ってよ」と言っていた。ライオン同士のツーショットのような感じがしたものだった。

また、『文藝春秋』のビートたけしさんとの対談の中で、「談志は変わっているけどいい落語家だ」と、絶賛していた。

かっぽれ【かっぽれ】

寄席の踊りの一つ。立川流では歌舞音曲の基準のような位置づけだった。明治時代、願人坊主の豊年斎梅坊主が浅草寺で踊り、寄席に登場して人気が高まった。芸妓がお座敷で盛んに余興として歌い踊り、歌舞伎では9代目市川團十郎が踊った。

談志自身はきちんと一曲は踊れなかったはずだが、「こんなの当て振りでいいんだ」と曲に合わせて手真似（てまね）で踊ったが、実に見事で、「やっぱり、パパの方が上手い」と筆者はそばで見ていた則子夫人に言われてしまったことがある。あのときは落ち込んだ。

か

桂小金治【かつら・こきんじ】

2代目。1926(昭和元)年10月6日～2014(平成26)年11月3日。落語家、俳優、タレント。本名は田辺幹男(たなべ・みきお)。

1947年、2代目桂小文治に入門。その後、落語家としての将来を嘱望されながらも、映画俳優に転身し、昭和中期からはテレビドラマ、バラエティ番組に数多く出演し、ことに日テレ系のワイドショー「それは秘密です!!」の名司会者としてマスコミ界の寵児(ちょうじ)となる。

滑舌もよく見事な江戸前の口調での落語から、談志はよく、「小金治兄さんは上手かった」と述懐していて、「なんであの才能を落語界に留めておけなかったか」とも言っていた。一度師匠と東京駅でばったり会ったときには、「小さん師匠とヨリを戻しなよ。お前さんがしっかりしなきゃ」とたしなめられ、師匠は面倒くさそうな笑みになったっけ。

桂文枝【かつら・ぶんし】

6代目。1943(昭和18)年7月16日～。落語家、タレント、テレビ番組司会者。上方落語協会前会長。長年、桂三枝の名前で親しまれ、2011年、上方落語の名跡「桂文枝」6代目を襲名。2015(平成27)年7月2日、「新婚さんいらっしゃい!」で「同一司会者によるトーク番組の最長放送」としてギネス世界記録に認定された。創作落語の旗手で、自作の落語の数は270を超える。談志もその姿勢に賛辞を送り続けていた。

桂文楽【かつら・ぶんらく】

8代目。1892年(明治25年)11月3日～1971年(昭和46年)12月12日。落語家。本名は並河益義(なみかわ・ますよし)。

1908(明治41)年、初代桂小南に入門し、落語家になる。住所の住居表示実施以前の旧町名から、「黒門町(くろもんちょう)」「黒門町の師匠」と呼ばれた。古今亭志ん生と並び、「昭和の名人」と称される。志ん生が八方破れの芸風であるのに対し、文楽は研ぎ澄まされたディテールに凝った精密描写のような落語だった。「明烏」「船徳」「愛宕山」などの若旦那モノ、「心眼」「景清」「按摩の炬燵」などの盲人モノ、「うなぎの幇間(たいこ)」「つるつる」などの幇間モノを得意としていた。

談志は特に「よかちょろ」が好きで「生涯せがれで暮らしたい」というセリフを溺愛するほど好んでいた。練馬の談志宅には、「らしく　ぶらず　桂文楽」という書が玄関に飾られていた。

桂米朝【かつら・べいちょう】

3代目。1925（大正14）年11月6日～2015（平成27）年3月19日。落語家。旧関東州（満州）大連市生まれ、兵庫県姫路市出身。本名は中川清（なかがわ・きよし）。出囃子は「三下り鞨鼓」「都囃子」。「上方落語中興の祖」として、戦後廃れていた上方落語を復活させた手腕を談志は絶賛し続けていた。1996（平成8）年、落語界から2人目の重要無形文化財保持者（人間国宝）に認定された。著書に『上方落語ノート』などがある。

桂三木助【かつら・みきすけ】

3代目。1902（明治35）年3月28日〈戸籍上は1903年2月17日〉～1961（昭和36）年1月16日。落語家。本名は小林七郎（こばやし・しちろう）。出囃子は「つくま」。

NHKとんち教室に出演。日本芸術協会所属だったが最晩年に脱退し、フリーを経て落語協会に移籍。円朝作の演目「芝浜」をメジャーにのし上げる名演をした。談志をはじめ現在多くの落語家が口演するようになったきっかけをつくる。

無類の博打好きとして有名で、それが「へっつい幽霊」をはじめとする博打の噺に生きている。長男が4代目三木助、孫が5代目三木助を継いでいる。談志は入門したばかりの筆者に「文楽、圓生、三木助、小さんを聞け」と、型を重んじる落語に触れることを、強く訴えていた。

釜泥【かまどろ】

落語の演目。ご先祖が石川五右衛門という泥棒2人がその恨みを晴らすため、そこら中の釜を盗みまくる。一計を案じた豆腐屋夫婦の主が大釜に入り込み、盗まれないよう見張る策を思いつく。やがて主は酒を飲んで寝てしまう。その夜、泥棒2人は主がその底で眠っているとは知らず、釜を盗み出す。中で主が「ばあさん、寝ちゃいないよ」、「地震か?」などと話しかけたりなんぞするため、泥棒は怖くなって釜をそのままにして逃げてしまう。釜から外へ出た主が屋外にいることに気づき、「しまった、今度は家を盗まれた」。

この噺、談志は「お血脈」という、同じく石川五右衛門が出て来る噺とドッキングさせてやったことがある。

我慢して喰え【がまんしてくえ】

談志がよく食べ物屋さんでサインなどを頼まれたときに記した言葉。無論、向こう側のシャレのセンスを試す意味合いと、少年期に第二次世界大戦に遭遇し食べられなかった経験から、「昔は食べ物の美味い、まずいは言ってられなかったんだぞ」という警告的な印象をも醸し出す、実に談志らしさが横溢したセリフである。

このサインをもらい、困惑したりムッとしたりする店主に、何度も遭遇したものだったが、半面、長野市の飲食店にはきっちり飾られていた。こういうシャレのわかる方の店なら、また訪れてみたいものだ。

紙入れ【かみいれ】

落語の演目。お得意先の女将さんとできてしまった若い手代（商家の若手従業員）の新吉が、その女将さんから誘いを受けて断るつもりで出かけて行くと「もし今晩帰ったら、旦那が戻ってきたときにあることないこと言うわよ」と脅される形で、また一夜をともにすることになる。

するとそこに旦那が急遽帰ってきてしまった。あわてふためき帰ったのはいいが、女将さんからもらった手紙を挟んだまんまの紙入れを置き忘れてきてしまったことに気づき、一晩眠れずに再びその家に訪れると、旦那は何も知らない様子。怯える新吉に女房も出てきて「大丈夫、ちゃんとその紙入れはおいて隠してこっそり新さんに返す手筈になっているから」と水を向けると、旦那も「ああ、てめえの女房を取られるような亭主だから、そこまでは気がつかねえだろ」。よくできたバレ（エロ）噺。

談志は「その亭主のバカ面見てみてえだろ、その顔はこれだ」と自らを指さすというブラックジョークのオチだった。

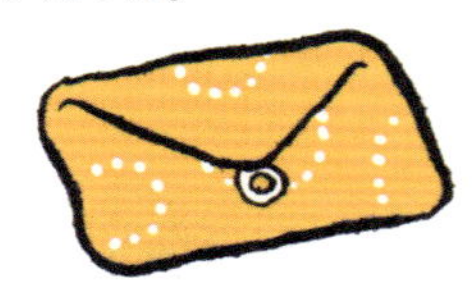

上岡龍太郎【かみおか・りゅうたろう】

1942（昭和17）年3月20日～。タレント、司会者。本名は小林龍太郎（こばやし・りゅうたろう）。漫才師時代の芸名は横山パンチ、伊井パンチ。1960（昭和35）年、横山ノックの誘いにより、「横山パンチ」の名前で初代横山フック（後に現在の青芝フックが2代目として加入）とともに「漫才トリオ」を結成、一躍有名になる。

講談も手がけ、旭堂南蛇（なんじゃ）という名前で高座に上がる。落語の分野でも、立川流の門下・立川右太衛門として活躍したが、現在は落語界からは引退。談志はその喋りと毒舌的なセンスを高く評価していた。弟子にテント、ぜんじろうなどがいた。

紙カツ【かみかつ】

談志は「カツは薄ければ薄いほうがいい」というのが持論だった。いわゆる「紙カツ」が好みだった。浅草は「大木洋食店」という洋食屋さんを愛していて、味もさることながら、なにより古典芸能から競馬にまで通じていたマスターの松浦謙助さんという粋人が好きだった。そこで談志好きの甲本ヒロトさん率いるザ・ハイロウズのメンバーとの対談も行われたりもした。松浦さんは、前座さんを可愛がってくれていたっけ。よくゴロゴロ会館での前座仕事のあと、ごちそうしてもらったりしたものだった。

ガレージセール【がれーじせーる】

毎年根津神社のつつじ祭りの時期に合わせて、自宅マンションの1階スペースにて談志が直筆サインやら、あるいは身の回りの品物を直に値をつけて売っていた。コーラの景品のグラスにマジックで「コーラは毒だ。牛乳を飲め　立川談志」と書いたのが1000円ぐらいで売れていた。ご子息が子供のときに使っていた野球のバットに「長嶋茂雄」と書いて出したら、ソコソコの値段で買うファンがいて、驚いたものだった。新緑の時期恒例のファンとの交流の場となっていた。

カレーは500円まで
【かれーはごひゃくえんまで】

談志がサインに記した言葉。「幸福の基準を決めよ」の具体例の一つかと思われる。カレーという身近な食べ物は、そのぐらいのレベルのもので充分満足できるはずだという、談志流のこだわり。

か

川戸貞吉【かわど・さだきち】

1938（昭和13）年～2019（平成31）年3月11日。演芸評論家、元アナウンサー、元プロデューサー。早稲田大学卒業後、アナウンサーとしてTBSに入社。学生時代から同年代との談志と意気投合し、交流が始まる。筆者は学生時代から、川戸氏がナビゲーターを務めるTBSラジオ「早起き名人会」をほとんど毎週聴き続けていた。落語の貴重な音源に触れて、気がつけばテープの山となっていた。いまでも早起きなのはこの番組の影響だったともいえる。川戸氏の著書『現代落語家論』での談志に対する評論にときめき、その箇所だけを何度も熟読した覚えがあった。その当時、筆者は完全に談志に洗脳されていた格好だった。そりゃあ、弟子入りするわなあ～。

神田松之丞【かんだ・まつのじょう】

1983（昭和58）年東京生まれ。講談師。本名は古舘克彦（ふるたち・かつひこ）。

2007年、3代目神田松鯉に入門。2012年二つ目昇進。熱烈な談志マニア。ずっと追っかけを続けていた。直接的な師弟関係は無論ないが、談志の影響をふんだんに受けているという意味では、「談志イズム」が落語界を超えて、講談の世界にも波及している見本であるともいえる。「実は講談師になりたかった」と言っていた談志とのつながりを感じさせる逸材。

2020年2月に真打ち昇進とともに神田伯山を襲名。若手講談師としてマスコミ露出も多く、講談界期待の星としてその将来が嘱望されている。

かんちろりん【かんちろりん】

前座から二つ目になる際に音曲を課される。基本的に談志を喜ばせれば何を選んでもいいのだが、その中でもこの江戸端唄（はうた）である「かんちろりん」は、特に好きだった模様。木村長門守や、大久保彦左衛門という当時話題の人物の逸話が歌詞になっているあたりが談志をくすぐったのかもしれない。「かんちろりん」という語感の軽さが、なんともいえず、いい雰囲気を醸し出す。

堪忍袋【かんにんぶくろ】

落語の演目。喧嘩が絶えない長屋の熊さん夫婦に大家さんが「手ぬぐいでもって堪忍袋をこしらえて、相手に向かって言うべきことをその中に放り込んで、緒でもって結わいちまえ。そうすると腹に何もなくなってすっきりするから」と諭す。言われるがままこしらえた堪忍袋の中に、癪（しゃく）に触ったことを吹き込んでゆくとすっきりして、喧嘩もしなくなった。

その評判を聞いた長屋の連中が、こぞっ

てやって来て怒りをぶちまけ続けたせいで、堪忍袋が膨れ上がってしまう。「もう限界だな、明日大家さんのところに行って相談しよう」と寝ようとしたところに、酔っ払った虎公がやって来た。怒りを堪忍袋に放り込みたいと言った虎公だが、熊さんは拒否する。無理やり奪った虎公が足で堪忍袋を押さえたところ、パンクしてしまって長屋中の喧嘩が飛び出してしまって大騒動……という噺。談志は、「録音機のない時分にその到来を予言していた」とも評してはいたが、「怒りをただの堪忍という行為で処理するのは、知性がないだけなのでは」などとマクラを振って、落語に入ったものだった。怒りはその場で発散していた談志らしい解釈だ。ちなみにこの落語のオチは、「楽屋にいた前座らが舞台袖で罵声を浴びせ合う」という形にしていた。間接的であれ、師匠の落語の演出に参加できる嬉しさがあったっけ。

岸田秀【きしだ・しゅう】

1933（昭和8）年12月25日生まれ。心理学者、評論家。和光大学名誉教授。著書にベストセラー『ものぐさ精神分析』がある。談志のみならず、伊丹十三監督も信奉し『哺育器の中の大人』という対談本も出版していた。「この世はそもそも幻である」という「唯幻論」を唱えた。「人間はそもそも本能の壊れた生き物だ」という出発点の主張は、談志をときめかせ、以後本人の主張の根幹にもなっていった。談志も「唯幻論」の向こうを張る形で、当時「虚実というからには、実より虚が先に言葉がある以上、世の中は虚ありき」と、「唯虚論」を主張していた。

帰属【きぞく】

談志が晩年、盛んに唱えていたのが「帰属」について。「人間はもともと弱いものだから何かに帰属していないと収まらない」。談志自身は落語に帰属していたつもりが、気がつくと帰属していたのは「立川談志」だった。最晩年は、帰属先であるはずの談志が体力の衰えとともに揺らぎ始めて、思うがままの落語ができない葛藤をずっと抱え続けていた。自らを最大限に客観化させてこその談志落語だったのだろう。弟子にすらその最期を知らせず、カットアウトするようにして去って行ったことを思うと、最後は最愛の「家族」に帰属したのだろう。

き

北原謙二【きたはら・けんじ】

1939(昭和14)年10月8日～2005(平成17)年1月26日。歌手、俳優。本名は北原謙太郎(きたはら・けんたろう)。「若いふたり」で第13回NHK紅白歌合戦(1963年12月31日)に出場。とりわけ談志は「ふるさとのはなしをしよう」が大好きで、「浅草の唄」とともに立川流新年会では、師匠亡き後も歌い継がれている。

基地問題【きちもんだい】

「もともと日本なんて四方が海で囲まれてるんだから、国境問題なんか、地続きのヨーロッパあたりの国の大変さに比べたら屁みたいなものだ」と、よくマクラでも言っていて、これが談志の持論だった。

「あちらを立てれば、こちらが立たず。双方立てりゃ、我が身立たず。基地なんてなくってもなんとかなるよ。北朝鮮に攻められたらそれもいい。日本なんてどうでもいい。「東朝鮮」で充分だ。立川談志も『イーチョン・タンシー』と読むんだ」とも。「尖閣諸島なんか自衛隊に守らせるまでもない。山口組で充分だ」……客席は大爆笑だった。

君が落語家になりたい夢を、俺は否定できない

【きみがらくごかになりたいゆめを、おれはひていできない】

筆者が入門前、談志に言われた言葉。学校を卒業して就職し、「せっかくきちんと採用してもらった会社だったから3年は勤務しよう」と筆者は決意したのだが、やがて、落語家への夢が抑えきれなくなった。勤務地であった福岡での「談志独演会」終演後、直接「来年、弟子入りさせていただく所存でございます!」と、何べんも練習したセリフを緊張のあまり、カミカミ、師匠に伝えたとき、この言葉を賜った。

いま改めて噛みしめてみると、これほど夢をウェルカムしてくれる言葉はないような気がする。そういうことを後進に伝える先達さえいれば、この国はもっと活性化するようにも思う。こんな言葉を言えるような立場に、筆者も、いつかはなりたいものだ。

木村松太郎【きむら・まつたろう】

1898年(明治31年)12月19日～1985年(昭和60年)11月25日。談志の惚(ほ)れた浪曲師。東京市(東京23区の旧称)本所区出身。本名は江本正男(えもと・まさお)。小学校の途中で雑貨商に丁稚奉公に出され、働く中で浪曲の世界に出会う。偶然聴いたレコードから流れる吉田奈良丸や桃中雲右衛門の語りと声に魅了され、1913(大正2)年、15歳で初代木村重松に弟子入りし、浪曲師の道を歩む。1965年(昭和40年)、浪曲生活50年を区切りに引退したが、談志たっての願いで現役復帰した。「慶安太平記」はこちらの先生譲り。

着物【きもの】

談志は若いときは、結構着物に気を使い、わりと高価なものを身につけていたそうだが、筆者が入門した1991（平成3）年以降は、あんまり気にすることはなくなったように思える。化繊でつくったようなものも、よく着ていた。

談志は群馬県・館林のしまや呉服店を贔屓にしていて、筆者は談四楼師匠を通じて、しまやさんには前座の頃からご厄介になっている。談志は晩年、足を崩すことが増え、袴での口演が増えた。そこでしまやさんに「洋服の生地での袴」をつくってもらっていたが、数年前の形見分けで、その袴を筆者がいただくことになった。とはいいつつもこの袴、生地が柔らかすぎて、とにかくたたみにくい。残念ながら、自分でも滅多に着用しないものとなっている。

キャバレー修行
【きゃばれーしゅぎょう】

当時、創刊されたばかりの『週刊新潮』の巻末に掲載されていたアメリカンジョークに触発された談志だったが、それに触発され自身でも積極的に海外のジョークを集め始めた。これを下地として、立って喋るスタンダップコメディのスタイルを確立させ、キャバレー回りを積極的にこなし始めた。「ショウボート」「黒ばら」「キャバレー美松」「モンテカルロ」「スコッチ・クラブ」「クラブ・シャー」「貿易会館」など、クリスマスシーズンなど1日で7軒も掛け持ちしたとのことだった。

師匠が某代議士のパーティーにスピーチで呼ばれた際、関係者が「乾杯の後でして、ざわついた雰囲気なのですが」と恐縮するほどで、とてもまともに聞いてくれるとは思えない場所でジョークをやり、満座を引きつけ、大爆笑を引き起こした場面に出くわしたことがある。素っ気なく師匠は「俺はキャバレー回りで鍛えているからこんなのは屁でもねえ」と言い切っていた。カッコよかったなあ。

こんなのを見てきているから、筆者も「長野のラジオ番組での屋外でカラオケをやっている隣での生落語」を乗り切ることができた。

キャベツもらって来い

【きゃべつもらってこい】

1991（平成3）年4月。入門して一番初めに師匠から指示された言葉。練馬は南大泉にあった一軒家（現在は志らく兄さん一家が居住）の近辺に、当時はキャベツ畑が散在していた。言われるがまま、周辺の農家に出向き、「お忙しい中恐れ入ります、この度談志門下に入門した青木と申します。いま師匠からの指示で、キャベツをいただいて来いとのことでした。まことに申し訳ありませんが、おひとついただけないでしょうか？」とサラリーマン口調で伝えたら、あっけなく「あ、どうぞ」と言われたものだった。「採れたてのキャベツには根っこがある」と、そのとき初めて気づいた。

ギャラ【ぎゃら】

談志は「ギャラはプライド料だ」と、常日頃から言い放っていた。これもよく吟味すれば、誰も傷つけない言葉だ。何も数百万寄越せとは言っていない。「うまい具合に俺のプライドと折り合いさえつけてくれれば、カネはいくらでもいい」と訴えているような感じにも取れる。「よく覚えておけ。俺はいまプライドがあるからそうはしないけれどもな、俺だってプライドがなくなれば、お前の1万、2万の仕事も奪いに行くんだからな、ここはそういう世界だ」と言われたこともある。前座の頃だったが、この後に迫り来るプロの厳しさを予感したものだった。

初めてのクライアントさんから仕事を受ける場合、こちらから金額を言いにくいときに、この言葉はとても便利だ。「私のプライドさえ考慮してくだされば」と一言添えれば、先方様も熟考してくれそうだから。ちなみに、弟子の会を都内で開いた場合は、破格の10万で来てくれた師匠だった。

キャラクターは談志の分身

【きゃらくたーはだんしのぶんしん】

談志落語を特徴づける、自らの落語に対する言葉。一言で言うなら、登場人物がすべて談志というのが、談志の落語だった。与太郎は「非生産的」であるというテーマに基づき、やけにロジカルで皮肉っぽい言葉を吐く新たな与太郎像を演出したり、「天災」では、どちらかというと諭す立場の紅羅坊奈丸先生ではなく、自らのキャラに近い「怒り」を全面的に訴えて来る八五郎のほうに力点を置いて喋ったりしていたのが代表例だった。日常生活においても、「落語の登場人物」のトーンのまま弟子に小言をぶつけてきたからこそ厳しく感じたともいえる。談志が誤解されがちだったのは、そんな生活を送っていたことに起因するのかもしれないといまさらながらに思う。リスクを負ってまで、落語に殉じていた人だった。覚悟がなければ、こんな生き方を貫けないはずだもの。

教育【きょういく】

「価値観の強制的な共有」と喝破していた。少年時代の教師との不和、もっというと戦前からのこの国の嘘くささを悟って以来、そのような発想になったものと察する。つまり「土台、教育なんて無理なもの」という認識だったようだ。

「俺は教育者ではない、小言で物を言うだけだ」と断言していたが、私のような弟子をも見捨てず落語家にさせてしまったのだから、立派な教育者であった。かような師匠の立場から、現場で苦しんでいるはずの若い小学校の先生方の一助にでもなればと、筆者は『落語家直伝　うまい！授業のつくりかた』（誠文堂新光社）を書いた。教育関係者以外の方にもあてはまるように、わかりやすく書きました。ぜひご購読願います。

狂気と冒険【きょうきとぼうけん】

『現代落語論其2 あなたも落語家になれる』（三一書房・1985年）の末尾に記されていた言葉。この「狂気と冒険」がベースとなり、その後の「イリュージョン」へとつながっていった。「狂気と冒険」を進化させ、バージョンアップさせ、一言で言い表したのが「イリュージョン」ではなかったか。ちなみにこの本で初めて「落語とは人間の業の肯定だ」と定義している。

き

キラー・カーン【きらー・かーん】

1947（昭和22）年3月6日～。元プロレスラー。新潟県出身。本名は小澤正志（おざわ・まさし）。大相撲・春日野部屋に所属する力士から、プロレスラーに転身。大相撲時代の四股名は越錦。最高位は幕下40枚目。

日本人離れした体格から大型ヒールとして日本のみならず海外でもブレイク。アメリカ遠征中、リングサイドで観戦する談志を見つけ「師匠、ちょっと待ってて。いまこれ片付けてから飲みましょ」と声をかけるなど深い付き合いだった。談志に真打ち昇進トライアルに出てもらう旨は、カーンさんの居酒屋で伝えた。ほんと美味しい料理を出してくれるお店は現在、新大久保で営業中。

禁酒番屋【きんしゅばんや】

落語の演目。ある藩の家中の者が、酒の上で口論となり友人を切りつける。切ったほうはそのまま帰宅し眠りにつくが、翌日酔いがさめて、自らの行為を詫びようとして切腹した事件があった。藩主が事態を重く見て「わが藩では今後一切禁酒!」を打ち出す。が、こっそり飲みに行くものが出る始末で、なんとか取り締まろうと出入り口にチェック機関である「禁酒番屋」をこしらえた。

そんなある日、近藤某という侍が付近の酒屋で2升飲み干し、「3升目は寝酒にしたい。夕方までの小屋まで1升持参いたせ」と無理難題をふっかける。知恵を絞った酒屋側が最初は菓子屋になりきり「カステラ」と偽って五合徳利2本を仕込んで持ってゆくが、一瞬のドジで露見し、「偽りもの!」と、番人に飲まれてしまう。2回目は油屋を装って油徳利に酒を仕込んでゆくが、それもバレて「偽りもの!」と言われて、飲まれてしまう。3度目は「意趣返しだ！　番人を懲らしめよう」と、店員同士で「小便」を一升徳利に入れて持ってゆく。中身を確認しようと、湯飲みに入れ、口元まで近づける番人が、ようやく小便と気づいた。酒屋の店員は、「手前先ほどからずっと小便と言い続けています」と答えると、番人は、「それはわかっておる!この正直ものめが……」。

小さん師匠の十八番だが、談志はやらなかった。師匠に遠慮していたのかもしれない。こういうところに談志の気遣いが垣間見える。この噺、筆者が二つ目のときに談志をゲストに招いた独演会でかけたのだが、談志が舞台脇で聴いている中で、オチを「この偽りものめが!」と、言い間違えてしまった。明らかなボーンヘッドだ。以来、談志はずっと、「談慶の馬鹿がオチを間違えた」と、この落語に接する度に言い続けていた（笑）。

金玉医者【きんたまいしゃ】

落語の演目。娘が患い付いてしまった大金持ちの主。あらゆる名医に診てもらうが一向によくならない。そんな中出入りの留さんが、「知り合いに、医者じゃありませんが、なんでもたちどころに治してしまうのがいますよ」と言って、インチキな風情丸出しの男を連れてきた。「治療中は中をのぞいてはいけませんぞ」と釘を刺されるが、聞こえてきたのは、「世の中は広大無辺ですぞ」「ぺけぺけ、ホイホイ」などと胡散臭いものばかり。それでも約束の金10両をもらって帰ってしまった。

ところが男がその後、数回診察に訪れると、みるみる娘は回復し、すっかり元気になってしまう。気になって仕方ない旦那は、治療法を男に尋ねた。

「いや、なんでもないです。その偉そうなことを言いながら、ふんどしを開けて、着物の裾から金玉をぷらんぷらんと見せるだけです。するとお嬢さんは笑います。笑えばしめたもので、心が開いて治るんです」

「そんなもんにあんな大金を払ったのか」と啞然とする主……。しばらくして娘の具合がまた悪くなった。奥方は心配して、またあの男を頼もうとしたが、主は「俺が治す!」と、娘の部屋に入って同じことを試した。すると娘は「キャー」と、目を回してしまった。主は慌てて男のところに助けを求めて駆け込み、経緯を話す。

「なに、ぷらんぷらんと一遍に全部見せた!?　あ、それはいけません。薬が効き過ぎました……」

後年、談志が頻繁にかけていたネタで、2004(平成16)年9月、筆者の真打ち昇進トライアル落語会でも、談志はこのネタをかけた。そして「お前もいつかは今日の俺みたいに下手に落語をやりたくなるときが来る」と予言した。だけど、まだその兆しはまったくない。うまくやろうと、いまだ精一杯の日々であります……。

空間を埋めろ【くうかんをうめろ】

筆者が入門したときによく言われたセリフ。当初はまったくその意味がわからなかったどころか、入門し、かなり時間がたってから、ようやく理解できた言葉だった。弟子に対して厳しい談志だったが、案外放任主義的なところもあり、前座のうちから勉強会の開催を認めてくれるなどの緩さもあった。特に前座時代の後半なぞは、「俺の身の回りの用事は入りたての弟子がやればいい。お前は唄と踊りに集中しろ」と言われたものである。

「空間を埋めろ」は、「そんな形で与えられた空間と時間を、芸の修練に向けろ」というのが本来の意味だったのだが、そこで生じた猶予時間を、筆者は仕事に充ててしまっていた時期がある。結果として二つ目昇進が長引いてしまったのは、そんな時間の積み重ねのせいだったことを、後になって知る。「冷酒と談志の言葉は、後から来る」ものだった。いま、戒めとして、何もないときでも稽古と原稿は積み上げることにしている。いまだに筆者を縛り続けている言葉の一つである。

く

空体語と実体語【くうたいごとじったいご】

山本七平の言葉。山本の著作を愛読していた談志は、「日本教」などとともに、山本の言葉を頻繁に使っていた。実体語は「現実に直結した言葉」、空体語は「現実から逸脱しようとする言葉」といったところか。意味を限定する言葉が「実体語」で、ファジーな要素の強い言葉が「空体語」といった感じで、師匠は使い分けていた。

山本によると、日本人の場合、この2つの言葉は人間を支点として、相互にバランスを取り合いながら均衡を保つという。こういう感覚が世界では「狡猾(こうかつ)」に映るという指摘もしている。一例として、太平洋戦争末期の日本を挙げている。無条件降伏という「実体語」に対して、一億玉砕という「空体語」があったという発想。

愚痴【ぐち】

晩年、愚痴っぽくなった談志だったが、「愚痴はみんな嫌がるけれどな、とても大切なものだ」とさえ言っていた。唾棄すべきほどのもののはずなのに、それさえ慈しむというかそんな感じだった。迫りゆく老いとの戦いに挑む過程で、「言葉のすべてを愛してやるんだ」というような決意にさえ取れた。体力の衰えとともに、優しくなってきたかのように思えたのだが、「怒る元気すらねえんだ」と言ったことがある。愚痴しか言えない切なさだったのかもしれない。

工藤夕貴【くどう・ゆうき】

女優。1971(昭和46年)年1月17日生まれ。歌手の井沢八郎の長女。1983(昭和58)年、デビュー。1985(昭和60)年、相米慎二監督『台風クラブ』で主演、評価される。ハリウッドにも進出し、1989(平成元)年、ジム・ジャームッシュ監督『ミステリー・トレイン』に出演。

師匠は結構好みのタイプだったらしく、評価していた。前座時代かタモリさんと銀座で飲んでいたとき、工藤夕貴さんに会いたい旨を伝えると、タモリさんは素っ気なく、「事務所に連絡すればいいんじゃないですか?」と言っていたっけ。タモリさんのさばさば感に驚いたものだった。

悔しかったら、俺を超えてみろ
【くやしかったら、おれをこえてみろ】

談志の口癖だった。こう言われたらもう返す言葉はない。これまた「自信にあふれた言葉」で、談志は自らを「基準屋」とも評していた。二つ目と真打ちの昇進基準がハイレベルだった自負でもあろう。

この言葉もよく吟味してみると、誰も不幸せにしない言葉だ。結果として弟子の出世を期待することにもつながり、同時に自分の指導や教えが正しいことも訴えている。「俺は教育者じゃない」とは言いつつも立派な教育者だったことを証明する言葉。

グラン浜田【ぐらん・はまだ】

1950（昭和25）年11月27日～。元プロレスラー。群馬県出身。本名は浜田廣秋（はまだ・ひろあき）。柔道選手として活動した後、プロレスに転向。小柄ながらシュート（真剣勝負）にも強く、キラー・カーンにも勝ったことがある。メキシコでも大活躍。談志とは付き合いも古く新弟子時代から、「お前は体が小さいんだから、動いてトリッキーなプロレスをやったほうがいい」というアドバイスを送っていたとのこと。

稽古【けいこ】

「稽古はルーツを作るため」と断言していた。「この落語を○○師匠から稽古をつけてもらった」という個人の歴史のために存在するものだと。「俺はCDでもビデオでも出してるんだ。覚えたきゃ勝手に覚えるがいい」とも言っていた。

「例えば、お前たちがアルコール中毒の患者で俺が医者だとしたら、お前たちは俺に隠れてでも酒を飲もうとするだろう。それと同じだ。俺がお前たちに落語を禁止したとしても、陰でこっそり聴いたりやったりしているのが落語家のサガのはずだ」と、独特の表現で落語との向き合い方を訴えていた。弟子が自分の落語をやることには基本的にOKという姿勢だった。無論こちらは師匠のオリジナルのギャグを避けてやるのが暗黙の了解ではあったが。

とはいえ、これは真打ち以上のケース。稽古は型を身につけるためにも必要なもので、前座の頃は一門の真打ちの兄弟子の元に足しげく通ったものだった。

芸術家の了見を忘れるな
【げいじゅつかのりょうけんをわすれるな】

談志はいつもこう言って、弟子たちに発破をかけていた。

「欲望の限りを尽くしていいのは、芸術家とスポーツ選手だけだ」とも言っていた。「ピカソが何万枚絵を描こうが、イチローが何万本ヒットを打とうが評価される世界は、芸術とスポーツだけだ。経済の世界でこんなことをやると叩（たた）かれるだけだ」と続く。

芸人というより「芸術家の心意気を気概として持て」という意味の躾（しつけ）の言葉だった。

け

芸は粋と不快しかない

【げいはいきとふかいしかない】

談志の芸に対する定義。「粋」と「不快」と2つしかないというのは、「ほめる」か「小言」かのどちらかだった師匠の、芸人を評価する態度とまったく同じ発想からだった。要するに「普通の芸」というのはあり得なかったのだ。つまり「可もなく不可もなく」はダメに属すのだった。

これが怖いのが、目の前で師匠にほめられたからといって、その後勘違いして精進しないでいると、今度は一気に評価をがらりと変えてくるという点だった。逆にいえば、一度しくじってもその後盛り返せば、また評価を変えてくれることも意味していた。「常に喜ばせ続けなければならない面倒くさい存在」、それが立川談志だった。

Kヒコク【けーひこく】

1998年に発生した「談志居眠り裁判」の被告Kさんは、若い頃からの談志マニア。談志から「開き直って、チャンスにしちゃえ」とのアドバイスをもらい、一躍時の人となる。

実はこのKさん、私・談慶の「初高座」の際の客席にいたお方でもある。1991年7月15日、場所は下北沢八幡神社。兄弟子の談四楼師匠の独演会での一コマ。自分の恥部を見届けていただいているKさんには、以来「カラオケの鳴り響く屋外落語」の現場にも立ち会ってもらっている。談慶の命の恩人である。

ケジャン【けじゃん】

談志の好きな食べ物の一つ。韓国料理で、生のワタリガニをタレに漬け込んで熟成させたもの。

結婚とは長期売春契約

【けっこんとはちょうきばいしゅんけいやく】

談志の結婚の定義。ズバリと切り開くような言葉だ。志ん生のギャグで言うならば、「切れ味が鋭すぎてまな板まで切っちゃう正宗の包丁」みたいな感じか。

一瞬、誤解を与えがちなこの表現だが、よくよく冷静に噛み締めてみると、「浮気や不倫は契約違反」ということなのだ。愛妻家であった談志の発言だと思うと、一段の深みを増す。柳家小三治師匠の「五人廻し」という落語の中の、「カミさんは、安い」という言葉も輝きを帯びてくる。

我が家はおかげさまで契約継続中であります。「結婚は愛の結晶」などと結婚式での媒酌人が言う手垢（てあか）のついた言葉より、こっちのほうがわかりやすくて重みがあると思いませんか?

健康【けんこう】

一見無頼派のような、破滅型芸人の雰囲気を漂わせながらも、実はかなり健康には気を使っていた談志だった(基本、マジメだったのだ)。筆者が前座時代は頻繁に健康診断に行っていたものだった。通例早朝からの動きになり、寝起きで機嫌の悪い師匠に同行するのは、結構大変だった。やはり「糖尿病」が万病の元になってしまい、体力の衰えを促進させてしまったかとも思う。

晩年は、「立川談志にとって、『健康』とは落語をやるための『手段』であったのだが、それが『目的』になってしまっている、それが腹立たしい」などと嘆いていた。

現実が事実【げんじつがじじつ】

談志の口癖。「現実を見ろ。答えはそこにしかない」という意味で使っていた。ダメな人ほど理想を語りたがるものだ。一曲も作っていないのに武道館を夢見たり、小説をまったく書いてもいないのに芥川賞を取ると広言したりするような感覚を、談志は唾棄していた。のほほんと何もしていない人には現実は厳しいが、きっちりと確実にいい仕事を積み重ねてゆく人には、現実は必ず素晴らしい答えを出してくれるはずだ。談志自らが厳しい現実と向き合って結果を出して天下を獲ったのだから、あまりに説得力があったものだ。

この言葉の続きが「評価は他人が決めるもの」というフレーズ。「一生懸命やっていれば必ず誰かは見てくれている」という意味に通じるものでもあり、「来なかった奴が悔しがる落語をやればいい」という言葉に通底する考え方だ。

現代落語論【げんだいらくごろん】

1965(昭和40)年、談志が29歳のときに三一書房から刊行した初の著書で、いまだに版を重ねている超ベストセラー。30歳を目前にしての絶好調の時期にあったにもかかわらず、ラストで「落語が能のような芸能になる可能性がある」と警鐘を鳴らしている。その危機感が、それより18年後の立川流の創設の発端となった感がある。一門に限らず多くの落語家がこの本をきっかけに落語家を志した。ちなみに、いまの帯文は師匠の言葉「これが落語家の初めて書いた本である」と記されている。いま私も含めて、どの落語家も本を出版するようになったのは、この本のおかげであるともいえる。

現代落語論其2 あなたも落語家になれる【げんだいらくごろん・その2 あなたもらくごかになれる】

『現代落語論』から20年後の1985（昭和60）年に、同じ三一書房から刊行。『現代落語論』の続編というよりは、実践編という形だった。

前著『現代落語論』が、「PDCA」(PLAN→DO→CHECK→ACTION）のうち、P→DならばDO、この本はC→Aに相当するのではと推察する。

筆者はこの本をきっかけに落語家を志す。記載されていた「落語50席を覚えたら二つ目」というのに惹かれ、「だったら、2年で覚えられる!」とときめき、入門を夢見たのだったが、実際はそこに「歌舞音曲」がプラスされ、前座は9年半もやることになってしまった。筆者の人生を変えたというか、惑わせた罪な本となった。

源平盛衰記【げんぺいせいすいき】

落語の演目。いわゆる「地噺」というジャンルの落語で、おおまかなあらすじに時事ネタやギャグをふんだんに盛り込んで成立させる落語。同じようなタイプの落語に善光寺由来の話「お血脈」、弘法大師の話「大師の杵」などがある。

談志は吉川英治の『新・平家物語』にハマり、そこからさらに面白さを凝縮させて再構築した形で語っていた。20代の頃だったという。昨日起きた出来事などを盛り込んで、さながらリアルワイドショーの様相を呈していて、どこでも大爆笑だったとのこと。よく地方なんぞに出かけると、若い頃談志の「源平」にはまったと思しき人が、打ち上げの席などで、「師匠、源平、またやってくださいよ」などと言ってくることがあったが、その度に、「いやあ、あれはもう飽きた」と、よく言っていたものだった。

孝行糖【こうこうとう】

落語の演目。与太郎が親孝行をお上から表彰されて「青挿し五貫文」の報奨金をもらい、その金を元手に「孝行糖」という飴を売り始める噺。「孝行糖、孝行糖。孝行糖の本来は、うるの小米に寒晒し。カヤに銀杏、肉桂に丁字。チャンチキチ、スケテンテン……」なんて鳴り物入りで、派手にやったら大流行り。

「昔々、もろこしの、二十四孝のその中で、老莱子といえる人。親を大事にしようとて、こしらえあげたる孝行糖。食べてみな、おいしいよ、また売れたったらうれしいね。テンテレツク、スッテンテン」の口上が大人気で、売れるわ、売れるわ……。だけどある日、鳴り物禁止の水戸様のお屋敷の前で演じてしまい、門番に六尺棒で叩かれてしまう。通行人が見るに見かねて、「どことどこをぶたれた?」と問いかけると、与太郎は打たれたところを指差して、「こーこーとー、こーこーと」。

談志は、「このオチがとにかく見事だ」とよく言っていたものだ。談志が言った「与太郎はバカじゃない」という一言をベースに、筆者は『なぜ与太郎は頭のいい人よりうまくいくのか』（日本実業出版社）を執筆した。ぜひ買ってください（宣伝かいっ!）。

交通違反もみ消し
【こうつういはんもみけし】

立川志の輔師匠が前座時代、師匠談志を車に乗せて運転していたときに、スピード違反で捕まってしまった。談志は元防衛庁長官にもみ消しを頼んだのだが、断られてしまった。その際に歴史的な一言を放った。
「交通違反のもみ消し一つできなくて、国が守れるか!」

業の肯定【ごうのこうてい】

『現代落語論其2』において、落語を歴史的に定義した一言。「人間というものは眠くなれば寝てしまう。飲むなと言っても飲んでしまう。そういう深い欲望（すなわち業）というものを一切合切認めてしまっているのが落語なんだ」と。これが現役の落語家による、落語史上初の落語の定義づけとなった。落語の凄さと同時に、談志の天才性を如実に伝えた一言でもある。以後、これを凌駕する言葉は出てきてはいない。先頭打者ホームランのような言葉。これを言うだけで落語通ぶることができる。

業の克服と肯定【ごうのこくふくとこうてい】

談志は、人間の業の肯定こそ「落語」だと定義した一方、業の克服を旨としているのが「講談」だと喝破していた。江戸時代、庶民は世辞愛嬌などの生きる知恵を落語から学んだのに対し、支配階級である武家の子弟たちは、徳川家の威光を講釈（講談）を通して学び、そこに底流する「武士の気概」を吸収していた。

落語が、「飲むなと言っても飲んでしまうもんだ」「眠くなれば寝ちまうもんだ」という人間の汚さや弱さを庶民に伝えるのに対し、講釈は「精神一到何事か成らざらん」の実例を為政者サイドに鼓舞する装置として、それぞれ機能した。

落語と講釈（講談）という2つの話芸をここまで明確に定義したのは談志が初めてだった。そしてなにより談志は本当は講談師になりたかったとのこと。おそらくそちらに行っても大成したはずだろう。立川流の二つ目昇進基準の必須科目である講談の「三方ヶ原軍記」は、談志の口演をベースにして覚えたものだった。

香盤【こうばん】

落語家内部の序列のこと。入門の順番が早いか遅いかで決まる。もとは、花柳界で時間を計るための線香を立てる盤が序列順に並んでいたことに由来すると言われている。これに異様にこだわるのが落語界である。

こ

幸福の基準を決めよ【こうふくのきじゅんをきめよ】

談志がサインによく書いていた言葉。1億円持っていても「足りない、足りない」と不平を言う人がいる。1000円が手元にあるだけで喜びを感じる人もいる。自分なりの幸福の基準を決めておけば心は本当に軽くなるもの。何事も自分に基準があれば他者に惑わされることもないはず。確かにすべての不平不満は「幸福の基準」が決まっていないことによるものなのかもしれない。

「一日中茶碗のふたを見つめているだけで幸せを感じられるとしたらどんなに幸せなことか」とは、よく高座でも言っていた。含蓄のある言葉だ。

幸福への招待【こうふくへのしょうたい】

原題『Paris, Palace Hôtel』。1956年に製作・公開された、フランス・イタリア合作のロマンティック・コメディ映画。意外にも談志は、こういうのが好きだった。

甲本ヒロト【こうもと・ひろと】

1963（昭和38）年3月17日生まれ。ミュージシャン。本名は甲本浩人（読み同じ）。俳優の甲本雅裕は実弟。ザ・ブルーハーツ、ザ・ハイロウズ、ザ・クロマニヨンズのボーカルとして活躍。浅草キッドの水道橋博士さんの中学時代の同級生でもある。

大の談志ファン。談志の大好きだった浅草の「大木洋食店」にて雑誌の対談をしたことがある。「談志さんは優しそうな人ではなくて、優しい人」の名言。「もう一度人生をやり直せるとしたら談志さんの弟子になりたい」とも言っていた。

コーラは毒だよ【こーらはどくだよ】

談志の口癖で、「あんなもん、飲むんじゃねえぞ」と、よく言っていた。振り返ってみると、談志が清涼飲料水系のものを口にしていた思い出はない。でも、景山民夫さんから一時期、夏のお中元で届いていた「ニセコサイダー」は好きだったっけ。あれ、談志の機嫌のいいときに分けてくれたが、ほんと美味しかった。もう売ってないのかなあ。

誤解【ごかい】

談志は「世の中にはいい誤解と正しい誤解しかない」と定義していた。よく「俺は間違っているからな」と自らも宣言していた姿勢とつながる思考だ。ある意味、相当なる自信からくる確かな裏付けがないと吐けないセリフだ。「いい・悪い」ではなく、「自分にとって都合がいい・都合が悪い」こそが肝心だという主張が根底にあった。

正論は人を追い込んでしまう。「もしかしたら、これって誤解かも」と一瞬だけでも思うだけで、人には優しくなれそうな気がする。談志のバランス感覚を象徴する捉え方の一つである。

黄金餅【こがねもち】

落語の演目。「ケチで名をはせた坊主・西念が死ぬ。「亡くなる瞬間に金に気が残って大金を餅にくるんで食べていた」のを見届けたのが隣に住む金兵衛。「焼き場で骨上げのとき、あの金をかっぱらおう」と、弔いを仕切ることを決意し、麻布絶口釜無村の木蓮寺まで運んでゆく(この道中づけが聞かせどころ)。その後焼き場で焼け焦げた遺体の腹部から、大金を掘り起こし、その金を元手に目黒で餅屋を開いて大繁盛する。

談志の十八番。死体を担ぎながら「人と生まれたからには、芝居も観てみてえ、天ぷらそばも食ってみてえ」と独白する部分は談志のオリジナル。まさに「人間の業の肯定」だ。

小言【こごと】

「不快感の瞬間的解消」と定義していた。小言というより罵詈雑言に近かった。前座時代の日記をひも解くと、筆者はほとんど毎日、師匠から小言を食らっていた。「俺に小言を言わせなかったのは、談幸と志の輔だけだ」とも言っていた。

小言を「談志流のアドバイス」として自らの脳内でその怒りを逓減させ、変換する作業こそが、前座修行だったのかもしれない。「小言」はある意味談志の琴線で、「ああ、こういう言動は怒りの元になるんだなあ」と実地で人間関係の距離感のトレーニングを受けていたようなものだった。「小言ではない、大ごとだ」と、当時の筆者の日記には記されている。いまとなっては財産でしかない。

小言2【こごと2】

「小言」は、談志の教育システムともいえる。「俺は教育者じゃない。落語家だ。小言でモノを言う」と言ってはばからない人だったから、談志からの罵声に近い小言をありがたい教えとして変換、翻訳し自らの芸に役立てるしかなかった。「こんな馬のションベンみたいなお茶飲めるか!」と言われたら、「もっと熱くて濃いお茶がほしいんだ」という具合に。

こんな経験ばかり積んでいった結果、わかったのは、教育の本質とは発信者ではなく、受信者のほうにポイントがあるのではないかということだった。受信者側の感受性があればこそ、どんな環境でも素晴らしいものとなるのではと思う。何も立川流ばかりではない。基本的に落語家は小言で育てられるものである。

個々の軋轢は個々で解決してゆけ

【ここのあつれきはここでかいけつしてゆけ】

筆者が入門したばかりの頃、機嫌のいいときに言われた言葉。当座はその意味をよく把握できずにいたが、落語家になるということの覚悟を問うていたのではないかと察する。

「食えない、生活は不安定、なかなか昇進できない」などなどのマイナス面とジワジワと向き合うようになってくると、本当にこの言葉が響いてきた。

「後でわかればいい。馬鹿にはわからなくてもいい」という感じでいつも談志は弟子たちに向かって発信し続けていた。「お前を弟子として受け入れてやっただけでも、俺の最大のウェルカムなんだ」ともよく言われたが、その言葉とつながるような気がする。

古今亭志ん生【ここんてい・しんしょう】

5代目。1890(明治23)年6月28日～1973年(昭和48)年9月21日。落語家。本名は美濃部孝蔵(みのべ・こうぞう)。出囃子は「一丁入り」。先代桂文楽と並び戦後の落語界を代表する落語家の一人と称される。長男は10代目金原亭馬生(初代古今亭志ん朝)、次男は3代目古今亭志ん朝。孫に女優の池波志乃(10代目金原亭馬生の娘)という芸能一家。

1910(明治43)年ごろ、2代目三遊亭小圓朝に入門し、落語家になる。それまでは素人の落語家として活動していた。桂文楽と好対照で、ふわふわとした口調で、天衣無縫の自由闊達(かったつ)な芸風だった。談志は、「志ん生師匠こそ落語」と絶賛していた。

筆者が真打ち昇進のパーティーで談志に「長生きしてください!」と言ったところ、談志は「俺も真打ちになったときに同じセリフを志ん生師匠に言ったんだ。俺もそんなことを言われる年になったのか」と、感慨深げだった。

胡椒の悔やみ【こしょうのくやみ】

落語の演目。笑い上戸過ぎる男が、悔やみの仕方を八五郎のところに教わりに来る。

「おかしくてたまらないよ。七十、八十で死ぬのならともかく、十七、八の小娘が死んじまって生意気だ」と、とんでもないことを言ってげらげら笑っている。こいつは自分の親父が死んでも笑っているというあきれ返った男だ。考えた挙句、八五郎は「これをなめて悔やみを言え。涙が出て来るから」とゲラ男に胡椒の粉を渡す。

だが、ほどよいタイミングでなめればいいものを、この男、葬式に参列する前からなめてしまい、くしゃみやら涙で大変なことになる。水を飲ませてもらいながら、号泣の体(てい)で、「承りますれば、お宅の、お嬢さまが、うう、うう、(水を飲んで)うう。ああ、いい気持ちだ」。

談志は嫌いな話だと言いながらも、このゲラ男こそ「常識開放装置」ではないかと訴えていた。本来は非難されるべきゲラ男だが、こいつの肩を持つのが非常識側の人間の役目だろう、と。「ひょっとしたらこいつは、人の命なんて軽いもんだ」と訴えていたのかも、と。談志自身も葬儀をはじめとしたセレモニーを嫌っていた。

言葉は文明【ことばはぶんめい】

談志の口癖。「言葉は文明」ということは、「言葉も文明、つまり便利な道具の一つで、時代が進むにつれてどんどん変化してゆくものだ」ということ。談志は「文明とは『不快感の解消を他人の作ったもので処理すること』で、文化とは『不快感の解消を自分の力で処理すること』」と定義し、自らを「文化側」に属すと、「アンチ文明」の立場を鮮明にしていた。そんな談志が「言葉は文明」と言っていたのは意外に響いたものだった。冷静な分析である。

来なかった奴が悔しがる落語をやれ【こなかったやつがくやしがるらくごをやれ】

談志の口癖。前座の頃、師匠の九州地区の独演会をお供させていただいたのだが、告知不足でお客さんの入りの芳しくない会場があった。主催者が泣きそうな顔で師匠に詫びたところ、師匠は平然と、「来なかった奴が悔しがる落語をやってやるよ」と言ってのけ、「らくだ」をぶつけてきた。とても素晴らしい出来だった。

袖で聞いていた自分に向けてのメッセージではなかったかと、いまさらながら思う。「観客が少ないということはどうでもいい。大事なのは目の前のお客さんの前で最高の落語をやるのみだ。そんな姿勢を続けて行けば、必ず見ている人は見てくれているはずだ」という、常に観客を信じ続けてその地位を得た談志の生きざまを象徴するようなセリフだった。これは、観客動員のできなかった主催者も傷つけていない。

「悔しかったら、俺を超えてゆけ」という言葉と同じく、師匠は「悔しさ」という感受性をとても大切にしていたのかもしれない。また、この言葉は「未来志向」だ。大事なのは、現状に悩むことではない。頑張った結果現れる「その先」なのだ。

そしてなにより、このセリフはどんな場面にもあてはまる。例えばあるメーカーでいまとある商品を手掛けているとして、それがいま、売れていないとしたら、「使わなかった奴が悔しがるものをつくり続ければいい」といった具合に。

ちなみに筆者は「読まなかった人が悔しがる本を書き続ける」つもりで、いま書いている。

こ

子煩悩【こぼんのう】

「え、うそ!? あの談志が子煩悩!?」などと疑われてしまうかもしれないが、長年そばにいた者として、これだけは訴えたい。ほんと師匠は子供が好きだった。

実際、長女の弓子さんにしても長男の慎太郎さんにしても、ほんと師匠から愛情をたっぷり注がれて育てられているせいか、お2人ともとても優しい。

子煩悩2【こぼんのう2】

自分の子供のみならず、街角ですれ違う小さな子供にも愛情を注ぐ師匠だった。地方の落語会の打ち上げの食堂などで、そこのうちの幼い子がお通しなどをお給仕しているのを見ると、「いいなあ、こういう光景。久しぶりに見たなあ。親の手伝いをするってなあいいことです」と、敬語を使いながら目を細めていた。

筆者の長男が生まれて3か月ぐらいのときに、所沢での談志独演会に連れて行き挨拶すると、師匠としての威厳を保ちつつも、「あのな、子供ってなあ、喋りはじめが可愛いぞ」と言っていたっけ。

その3年後、筆者の三越劇場での真打ち昇進お披露目落語会の際に、幼稚園に入園したばかりの長男を「あれからまた大きくなりました」と楽屋に連れてゆくと、「君、名前はなんてえの?」という、いかにも幼児向けの質問をしてきた野末陳平さんに対し、「ああいう、くだらない質問には答えなくていいから、こちらにおいで」と言い切って(笑)、手招きしてそばに座らせると、「あのね、西武の堤のやったインサイダー取引についてだけどね」と、いきなりその頃話題になっていた時事問題を振ってきた(笑)。長男は、きょとんとしながら、うなずくしかないようだった……。

小室直樹【こむろ・なおき】

1932(昭和7)年9月9日〜2010(平成22)年9月4日。社会学者、評論家。その研究分野は多岐にわたる。

東京工業大学世界文明センター特任教授などを歴任。門下生に、橋爪大三郎、宮台真司、副島隆彦、山田昌弘らがいる。1980年、光文社から『ソビエト帝国の崩壊　瀕死のクマが世界であがく』を出版、ベストセラーとなり、認知度がアップした。

談志は師事するかのごとく、その人物と思想と博学多識ぶりに惚れ続け、「国連なんて、もともと日本を監視するために作られたのだ」という意見などには深く共鳴していた。

筆者は前座時代、談志の会のゲストに出演する小室先生を自宅まで迎えに行ったことがある。横浜の会場まで向かうその道中で、「共通一次試験を導入した当時の永井文部大臣を銃殺刑にしろ」という週刊誌のコラムを愛読していた旨を伝えると、相好を崩し、「いやあ君、それは嬉しいなあ。みんなソビエトの話しかしてこないから」と喜んでいたっけ。テレビなどでの暴論やら極論の発言から奇人変人と評されるケースが多かったが、いたって親切で、私のような前座にも紳士的に接してくださっていた。

コメだけはいいの買いなよ

【こめだけはいいのかいなよ】

昔の噺家が所帯を持つときに先輩から言われた言葉。「いいコメさえあれば、おかずはいらない」。つまり経済的だという意味。

談志は、コメにこだわっていた。新潟県の魚沼に田んぼを持っていて、田植えや刈り入れを楽しんでいた。そして農業に従事する人たちをリスペクトしていた。「こういうところで稼ぐのを本当のカネと言うんです。都会の真ん中で右から左へ動かしただけで入って来るようなカネとは色をつけて分けるべきだ」とも、よく言っていた。

殺しはしませんから

【ころしはしませんから】

筆者が入門したときに、師匠が筆者の両親に向かって言った言葉。1991(平成3)年4月19日、場所は国立演芸場の応接室だった。師匠の場合、新弟子の面接には必ず両親を同席させていたものだった。決意のほどを

確かめるのと同時に「親がきちんとしていれば子供も大丈夫だろう」というチェックでもある。また、「その先お宅の子供は数年は食えないだろうから、しばらく面倒を見てやってください」という親心ならぬ「師匠心」だったのだろうと述懐する。

「殺しはしませんから」というのは、新弟子希望者に覚悟を求めつつも、「最低限の生命活動の維持は保証しますからご心配なく」という優しさでもあった。数年前に亡くなった筆者の父はその一言で、「談志さんは偉いな。あれはなかなか言えないセリフだ」と一気に師匠のファンになったようだった。お袋はお袋で、師匠と写真を撮ったのが嬉しくて、満面の笑みを浮かべて明るく振る舞っており、「おふくろさんがこれなら、息子は落語家になるはなあ」と、師匠も笑っていた。

筆者にとってその日は、人生最高の喜びの日となったとともに、以後、前座修行を終える9年半にわたる地獄のような日々の幕開けとなった(笑)。

殺し文句【ころしもんく】

やはり談志は言葉の達人、天才であって、かならずどこかで「殺し文句」を用意していた。「こいつにこの言葉をいま吐けば、一生の思い出になるだろう」という言語感覚のオーソリティが、類いまれなるメタ認知から発するのだから、効果はてきめんだった。一例は、筆者の真打ち昇進披露パーティーの席上でのこと。

「談慶という奴は、不器用を絵に描いたような奴でした。俺がこっちに来いと言っているのに、向こうへ行っちまう。どうなるのかと思ったら、回り道しながらも私の基準を満たしました。さあ、そうなると今度は、そういう回り道が『芸の幅』になるのです。あとは、そうだな、反社会的なことをやれ。以上」

という言葉。私のみならず、その場に居合わせたお客様全員を虜(とりこ)にしてしまったものだった。弟子はみんなそれぞれ談志からそんな言葉をもらっているはず。感謝しかない。

蒟蒻問答【こんにゃくもんどう】

落語の演目。上州安中に住む六兵衛という蒟蒻屋の親父のもとに、かつて江戸で面倒を見ていた八公が頼ってやってきた。ぶらぶらしていても仕方ないということで、八公に無住寺の坊主になることを勧める。するとそこに越前・永平寺の沙弥托善と名乗る修行僧が訪ねてきて、和尚と問答をしたいと願い出る。八公は和尚の不在の旨を伝えるのだが、修行僧は明日から毎日来ると言い、去って行く。寺男の権助と逃げる算段をしていると、そこに六兵衛がやってきて「そんな坊主は俺が相手してやる」ということになり、迎え撃つことになる。

翌朝、僧侶から何を問われても無言を貫く作戦に出た六兵衛。修行僧は禅家荒行の無言の行だと勘違いし、身振り手振りで迫ってきた。修行僧が両手の指で丸を作ると、六兵衛は大きな輪をつくる。それを見た僧侶は平伏する。しからばと修行僧が10本の指を示すと、六兵衛は5本の指を出した。再び修行僧は平伏する。最後に僧侶が指を3本立てる様子を見せると、六兵衛は片方の目の下を指差す。修行僧は参ったと逃げ出してゆく。

驚いた八公が修行僧にそのわけを聞くと「無言の行と気づき、こちらも無言で問いかけた。『和尚の胸中は』と問うと『大海のごとし』。『十方世界は』と問えば『五戒で保つ』。最後に『三尊の弥陀は』と問うたところ、『目の下にあり』とのお答えだった。彼我の差は歴然』と答え、去ってゆく。

ところが八公が六兵衛の元へゆくと激怒している。「あの坊主は途中で蒟蒻屋の親父だと気がつきやがった。『お前の所の蒟蒻は小さい』とケチつけたんで『こんなに大きい』と示してやった。すると『10丁でいくら?』と聞いてきたんで『500文だ』と返したら、『300

文に負けろ』と言ってきたんで『あかんべぇ』をしてやった」……。

談志はこの噺を「仏教批判」と言い放っていた。そして何より「完成されすぎていて手の加えようがない」とも嘆いていた。談志にしてみれば「付加価値を施せる不完全な部分こそ落語の魅力」ということなのかもしれない。

権兵衛狸【ごんべえだぬき】

落語の演目。山奥に住む権兵衛さんという床屋さん。毎日のどかに過ごしているのだが、ある晩、そんな権兵衛さんに狸がちょっかいを出しにやって来て、毎晩「ごんべえ、ごんべえ」と訪れる。権兵衛さん、策を練り、このいたずら狸を捕まえる。村人が翌朝権兵衛さん宅を訪れ、「狸汁にしちまおう」という提案をするが、権兵衛さんは「今日は考えてみたら、死んだかか様の祥月命日だ」と思い直し、「二度と悪さをするでねえ」と頭を丸刈りにして逃がしてやる。

するとその晩、また狸がやって来た。「ごんべえさん」と今度は「さんづけ」で呼んでいる。「また、悪さしに来たのか?」とガラッと戸を開けると、狸が「親方、今度はひげ当たっておくんねえ」……。

談志の十八番(おはこ)。昭和62年、大学4年のとき、友人と横浜で行われた「談志・三枝(現・文枝)独演会」に行ったときの「権兵衛狸」はすごかった。動物目線から見た見事な現代文明批判が込められていて大爆笑だった。筆者が談志に弟子入りを決意するきっかけになった噺の一つ。談志の演じる狸は、狸の噺に定評があった小さん師匠のとは違った意味で、可愛かった。

最後の言葉【さいごのことば】

弟子たちへの「最後の言葉」は、ずばり「お○○こ」という放送禁止用語だった。

2011年8月。場所は談志行きつけの銀座の「美弥」。一門恒例の師匠への夏のご挨拶ということで集まったのだったが、師匠はそのときすでに39度にも近い高熱があり、手術で喉頭部分は除去されていたので声は出ない状態。お内儀さんから「パパ、お弟子さん、集まっているわよ。言いたいことあるんじゃないの?」と水を向けられてコクリと頷（うなず）き、前座が紙とマジックを師匠に差し出したとき、この4文字を記した。師匠やご家族にしてみれば、弟子との最後の面会ということだったと、いま振り返ればそう思えるのだが、ただ声は出ないまでも眼光は鋭く、まさかその3か月後にこの世を去るとは、夢にも思えなかった。

あの場面で、例えば「落語に命をかけろ」などと言わなかったところに談志のすごさがあるのではないかと確信している。「全身落語家」、それが立川談志だったのだ。

最後の弟子【さいごのでし】

立川談吉。1981(昭和56)年12月14日～。北海道帯広市出身。本名は後藤正寿（ごとう・まさとし）。落語立川流・立川談修門下。2008年3月入門、2011年6月二つ目昇進。談志の最後の弟子として、紋付き袴に着替えさせて荼毘（だび）に付すところまで見送った唯一の弟子。もうそれだけで小説が書けるほどの、キラーコンテンツの持ち主である。

在ペルー日本大使公邸占拠事件
【ざいぺるーにほんたいしこうていせんきょじけん】

1996年（平成8年）12月17日（現地時間）に発生した、ペルーの首都リマで起きたテロリストによる駐ペルー日本国大使公邸襲撃および占拠事件。1997（平成9）年4月22日にペルー警察が突入し人質が解放されるまで、4か月以上かかった大事件。談志はこの事件に関して「大使館員が人質になったというが、そもそも大使館員自体が人質じゃないか」というヒットフレーズを吐いた。

桜【さくら】

談志は桜が大好きだった。「コメの飯と富士山と桜が好きな奴が日本人になったんだ。選挙違反が好きな奴が千葉県人になった」と、よくネタにしていた。

練馬の自宅に咲く八重桜をとにかく愛していて、ソメイヨシノよりも2週間ほど遅れて咲くのを心待ちにしていた。よく満開の桜とは会話をしていたものだった。
「俺が死んだら骨はここに撒いてくれ」という遺言はきっちり守られ、遺骨の一部はその根元に散骨された。主人亡きいま、練馬の自宅は、兄弟子の志らく師匠がその跡を継いで、家族で住んでいる。

酒【さけ】

「酒が人間をダメにするのではなく、人間というものはもともとダメだということを酒が教えてくれるだけ」――談志の名言の一つである。
「人間はもともとダメなものなのだ」という発想は、人間に限りなく優しい。そして酒も悪者にしていない。酒はめちゃくちゃ強いというわけではなかった師匠は、結構酔っ払って機嫌がよくなってしまうような脆さを、弟子にすら惜しみなく見せてくれたものだった。筆者が入門してからしばらくは、スコッチ（J＆B）のハイボール、しばらくしてレモンサワー、黒ビールと普通のビールのハーフ＆ハーフという変遷をたどった。晩年、ウーロン茶だけで打ち上げに付き合っていたのを見て、寂しい思いをしたっけ。
いつだったか、アルコール度数が90度以上のロシアのウォッカを前座の頃、飲ませてもらったことがある。おちょこに注いだそのウォッカを一気にあおり、そのあと氷水のチェイサーを飲むと、のどにヒリヒリ感と冷却感の両方が走る。そのドライブ感に惹かれてぐいぐいやってしまい、一気に酔っ払ってしまったことがある。そんな筆者を見て、「俺んちで吐いたらクビだ」と言い放った。慌てて、師匠の敷地から離れたところまで吐きに行った。そのあと、丸2日ぐらい苦しくてたまらなかったっけ。

酒に決まってるだろ！【さけにきまってるだろ！】

談志という人物を表す歴史的名言。
1971（昭和46）年、参議院議員に当選した談志は、政治家としての資質を嘱望され、1975（昭和50）年の年末に、沖縄開発庁（当時の三木武夫内閣）の政務次官に就任した。翌年1月沖縄入りし、翌日の記者会見にはサングラス姿の二日酔いで挑んだ。「酒と公務とどちらが大切ですか?」という記者からの質問に、このように答えた。
この発言をきっかけに自民党を離党し、翌年政界から引退した。就任後わずか36日間だったことを踏まえ「36日間“も”の長い間、政務次官を務めた」と、弟子たちはネタにした。失言で引退する政治家に接する際、「うちの師匠に比べたら」と……いつも思う。

サッカー【さっかー】

談志が最後まで好きになれなかったスポーツ。野球やバスケットボールは好きだったのだが。「なんだあれ、頭でポーンとやるの。ヘディングってのか？　牛のケンカじゃあるめえし」と、よく言っていた。「野球はいいよなあ、3-0を一発でひっくり返しちまうんだからな」とも。「スポーツの醍醐味は逆転にあり」という価値観のようだった。

ザッツ・ア・プレンティー【ざっつ・あ・ぷれんてぃー】

談志が好きだったディキシーランドジャズの名曲。談志は家族とこの曲に送られ、2011年11月23日、荼毘に付された。談志を看取った長女弓子（芸名はゆみこ）さんの、258日にわたって亡くなるまでの軌跡を記したその著書も、同じく『ザッツ・ア・プレンティー』（亜紀書房）というタイトル。その意味の通り「充分だよ」と言いたげな死に顔だったと書かれている。

亡くなったことが一切伝えられなかった弟子にしてみれば、読む度に切なくなる本だ。この本を読んで改めて、師匠がいなくなったことを確認させてもらった。師匠、ありがとうございました……辞典になるほどの充分な教えをいただきましたよ。

佐藤栄作【さとう・えいさく】

1901（明治34）年3月27日～1975（昭和50）年6月3日。第61、62、63代内閣総理大臣として日韓基本条約批准、「非核三原則」の提唱、小笠原・沖縄返還をなし遂げる。7年8か月という長期の連続在任記録を持ち、「人事の佐藤」とも、彫りの深い顔立ちゆえに「政界の團十郎」などとも評された。

東京帝国大学卒業後、運輸省に入省、トップである運輸次官を経て政界に転身。無所属で国会議員になった談志は庶民派を標榜していたが、佐藤に籠絡された小さん師匠に、「談志、おめえ、自民党に入れ」と料亭で言われ、素直に自民党に入った（笑）。このへんのいい加減さが、落語家ならでは。また寛子夫人には、特に可愛がられた談志だった。

真田小僧【さなだこぞう】

落語の演目。生意気な子供・金坊が、親父からあたかも母親が間男と密会しているかのような話をして騙し、カネを巻き上げてゆく。呆れた親父は母親に「それに比べて真田幸村公は大したもんだ」と講釈の「難波戦記」から「六文銭の由来」を語る。

それを聞いていた金坊が一発で覚えた形のその下りを語り、聞いていた親父と母親を驚かす。啞然とする親父に「六文銭てなあに?」と聞き、親父は仕方なく懐から銭を取り出し説明するが、またまたうまい具合に銭を取り上げて、去ってゆく。親父が「講釈聞くのか?」「焼き芋買うんだ」「うちの真田も薩摩に落ちた」（薩摩は芋の名産地）。

こんな生意気な子供のことを「真田小僧」と呼ぶようになったが、16歳で入門した談志も、その生意気さを存分に発揮し、真田小僧と呼ばれていたとのことだった。少年期が真田小僧であり、青年期に「紺屋高尾」の久蔵になり、壮年期に「芝浜」の魚勝になり、そして老年期に「金玉医者」の医者になったのかもしれない。

サメ退治【さめたいじ】

1991（平成3）年ぐらいのことだろうか、瀬戸内海沖で潜水夫がサメに襲われる事件が発生した。人喰いザメの登場に世間が色めきたっていた頃、談志が隊長でなべおさみさんが副隊長で「シャークハンター必殺隊」が結成された。風俗情報誌を販売するナイタイレジャーの持ち船である「ケイグレイス号」でサメを成敗するという趣向だった。

もちろん談志は乗り気ではなく、ナイタイのM社主らの企画に乗っただけだった。本人はサメの帽子をかぶって記者会見に臨んだが、「どういった趣旨でしょうか?」という質問に対して素っ気なく「興味本位だ」と、いまならば明らかに炎上するセリフを言ってのけた。実際、談志は現地には行かず、中国旅行に出かけてしまっていた。そのため、なべさんが、その後の火の粉をかぶることになった。

サリヴァンの旅【さりゔぁんのたび】

原題『Sullivan's Travels』。1941年制作のアメリカのコメディ映画。プレストン・スタージェス監督作品。筆者はこの映画を前座の頃、師匠と一緒に試写会で観たが、大爆笑だった。師匠も大絶賛だった。DVDが販売されています。購入する値打ちあり。

参議院全国区【さんぎいんぜんこっく】

かつての日本の選挙制度で、1947（昭和22）年から1980（昭和55）年まで存続していた。選挙区が日本全国にまたがることから莫大な費用がかかることや、タレント、著名人などの知名度の高い候補者に有利に働くことなどから廃止され、1983（昭和58）年の第13回参議院議員通常選挙から、比例代表制が導入された。

サンキュータツオ【さんきゅーたつお】

1976（昭和51）年6月21日〜。お笑い芸人、日本語学者として活躍。漫才コンビ「米粒写経」のツッコミとしてファンが多い。一橋大学、早稲田大学、成城大学非常勤講師。早稲田大学第一文学部文学科文芸専修卒、同大学大学院文学研究科日本語日本文化専攻修士修了。卒論は「立川志の輔」。文庫版『談志 最後の落語論』（筑摩書房）では「これからの談志師匠」と題した解説を担当。自らの豊富な落語の知識と鋭い感性をベースに「談志の存在は未来の落語へとつながる」という新たな座標軸を展開、落語の可能性を明示した。

サングラスにバンダナ
【さんぐらすにばんだな】

談志を特徴づけたスタイルとなった。持論として「テレビでは、どんなにいいことや上手いことを言ったにしても、視聴者にはネクタイの色しか印象に残らないものだ」と、よく主張していた。あの独特の喋り方も「真似(まね)されやすさ」を計算した本人の編み出したスタイルではなかったかと思う。

よく筆者は談志から「メガネをかけてみろ」、「プロデューサーに可愛がってもらえ」などとアドバイスをもらったりしたものだ。セルフプロデュースに長(た)けた談志の姿勢が浮かび上がるアイテムの一つだ。そんな姿勢は生前仲の良かった中尾彬さんのあのくるくるしたスカーフに受け継がれているような気がする。

さんぼう【さんぼう】

落語の中で、この3つについて触れる分にはお客さんの失礼には当たらないという「どろぼう、つんぼう、けちんぼう」の3つの「ぼう」のこと。「泥棒の噺、ケチが出てくる噺」の冒頭などでよく使われる。

「ご不幸にしてお耳のご不自由な方は落語は聴かないから、そういう方について言うことは多少構わない。ケチな方は、もともとケチならば落語のためにお金を払うわけはないから、その場にいないので悪口も言える。また、落語を聞きに来る人の中には、泥棒のような悪い了見を持っている人なんていないだろうから、悪口も言える」などと触れるが、談志はこの「さんぼうは本能ではないか」と言っていた。

曰く「盗みたい、聞きたくない、金なんざ使いたくない」という意味としてアプローチすべきなのでは、と。当たり前のように落語家が枕で触れる中身にすら、アップデートしようとしていた。

三方一両損【さんぽういちりょうぞん】

落語の演目。左官の金太郎が3両入った財布を拾う。書き付けがあったので落とし主は大工の吉五郎だとわかる。金太郎が届けに行くと吉太郎は「もはや諦めた金だからもらうわけにはいかない」と言い、金太郎は、「どうしても受け取ってもらいたい!」と、ともに江戸っ子同士の意地の張り合い。これを大岡越前が裁くことになった。

越前は自らの懐から1両出して4両にし、これを金太郎と吉五郎が2人で割って2両ずつにさせた。つまり、お互いに本来3両もらえるところの金太郎と吉五郎は、手元に2両しか来ず、また越前が自ら1両出したということで、3人が1両ずつ損をし合おうという裁定となった。そんな流れで越前が膳部を2人にご馳走することになった。喜ぶ2人に越前が「大食いするなよ」と諭すと、2人が「多かあ（大かあ、大岡）食わねえ、たった一膳（越前）」。

談志はよく出来た江戸っ子の気概の溢れる噺として捉えていた。「江戸の風」というフレーズが後年出てくるが、その予感を見出していたのかも。そしてなんといってもこのオチのバカバカしさがいいとも言っていた。こんな江戸っ子のよさが行き過ぎてしまうと「今度は野暮になる」とも自著にしたためていた。もしかしたら江戸っ子とは、バランス感覚のことなのかもしれない。

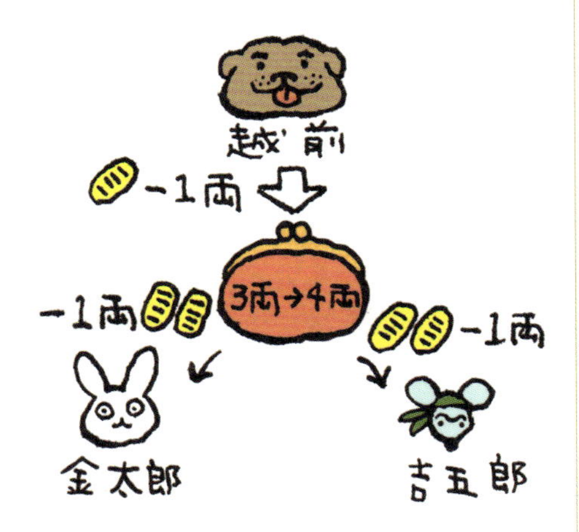

サンボマスター【さんぼますたー】

パンクバンド。2000年から活動開始、2003年メジャーデビュー。「世界はそれを愛と呼ぶんだぜ」がフジテレビ系ドラマ「電車男」のテーマソングとなり大ヒット。ボーカル、ギターの山口隆さん（1976年2月8日、福島県会津若松市〈旧北会津郡北会津村〉生まれ）が大のつく談志マニア。落語会のみならずCDや本に凝りまくっている。フィールドは芸人とはまったく異なるがその目線とたたずまい、対象との距離の取り方に、談志の匂いを感じてしまう。他ジャンルと、世代を超えて影響を与え続けていた談志だったのだ。

三遊亭圓楽【さんゆうてい・えんらく】

先代・5代目。1932（昭和7）年12月29日～2009（平成21）年10月29日。本名は吉河寛海（よしかわ・ひろうみ）。1955（昭和30）年2月、6代目三遊亭圓生に入門、前座名・全生。1958（昭和33）年3月、二つ目昇進。1962（昭和37）年10月、真打ちに昇進、五代目三遊亭圓楽を名乗る。

談志とは同世代でもあり、落語へのアプローチの仕方など、まるでタイプは違うが、世間からはライバルと称されていた。ちなみに筆者が一番最初に落語家からもらったサインは先代圓楽師匠である。「流水濁りを知らず」と墨痕鮮やかに記されていた。大学1年のときである。おおらかなお方だった。「尾崎豊」が好きで、「いいねえ、尾崎トヨの歌は」と言ったのは有名な話。2007年に引退宣言をしたが、談志はこれを受けて「引退を宣言できるというのは幸せなこと」と、その労をねぎらった。

し

C型肝炎【しーがたかんえん】

　談志を長年苦しめた病気。C型肝炎ウイルス（HCV）の感染により起こる肝臓の病。HCVに感染すると約70％の人が持続感染者となり、慢性肝炎、肝硬変、肝がんと進行する場合がある。これと糖尿病とのダブルパンチが晩年の体力を確実に奪っていた。

死因はふとした病がいい【しいんはふとしたやまいがいい】

　晩年、よくそうつぶやいていたものだ。「心不全とかはありがちだろ」などとも言っていた。桑田佳祐さんも食道がんからの復帰直後の紅白歌合戦で、「談志師匠と同じく、ふとした病です」などと使っていた。「ふとした病」――なんとなくミステリアスな雰囲気が漂っていませんか？　何よりズバリの病名よりも怖いイメージが緩和されるような気すらしますなあ。流行らせたいですね。

ジェームズ・キャグニー【じぇーむず・きゃぐにー】

　James Cagney。1899年7月17日～1986年3月30日。俳優。本名はジェームズ・フランシス・キャグニー・ジュニア（James Francis Cagney Jr）。

　談志の愛した役者。とりわけ『民衆の敵』（The Public Enemy）が好きで、歌やダンスも絶品だった。

自我【じが】

「非常識」ではなく、人間の奥底にある「なんともまとまらない部分」のすべてを、談志は「自我」と呼んでいた。人間は生まれた時からずっと「常識」を刷り込まれて生きてゆく。そんな常識に押さえつけられているものが「自我」だと。

　つまり談志の言う「自我」とは非常識よりもすごい、いや、ひどいものとのこと。そんな自我の、意識している分野だけではなく、無意識の分野に属している領域にまで踏み込んでいこうとしていたのが、晩年の談志の落語だったのではと思う。

「自我は非常識を凌駕する」とまで言い切っていた。「人を殺すような場面を描く」芸能や、「人を殴ることが許される」スポーツにときめくのは、そんな人に言えないような自我が肯定されるからなのだろう。自分の頭に身を投げてしまうというシュールな演目の「あたま山」には、そんな発想が根底にあるのだと分析していた。落語の聴き方、捉え方を一気に高めてしまったのだった。もはや落語家の範疇を超えていた。精神分析医ともいうべきか。そんな人の弟子だった筆者をほめてほしい（笑）。

自我を突き詰めると狂気になる
【じがをつきつめるときょうきになる】

談志が晩年、言っていたセリフ。いつの頃からか「落語とは非常識の肯定」と言い出した談志だった。「業」だけでは捕捉できないものを感じ始めていたのだろう。そんな周辺を指す言葉に「狂気」と「イリュージョン」が混在していたのではないかと推量する。

「賛同は別として、狂気は『あの野郎殺してやりたい』などと伝えることはできるが、イリュージョンは理解できる者が感じるもの」と、その差異を言葉で分けようとしていた。だからこそイリュージョンは教えて分かち合えるものではなく、普段でもそんな会話をし合える人を渇望していた。「ビン・ラディンと時々話すって本当かい?」「電話だけだけどね」「彼、どこにいる?」「下北沢」などという具合に。

死刑反対論者から殺せ
【しけいはんたいろんしゃからころせ】

談志の口癖だった。「極悪犯がやったことに対して反省なんかされたら、たまったもんじゃないだろ」と、その後に続けて言っていた。これで笑いが起きるということは、この意見に賛同している人たちの多い証拠のような気がしたものだった。

思考ストップ【しこうすとっぷ】

談志が好んで使っていた表現。“そこから先”の論理分解を拒否するような姿勢を、談志はそう呼んでいた。具体的には「あの人は丑年だから」とか「典型的なB型だ」といった、占いやら俗説やらを会話の中に当てはめようとする行為である。「いい・悪い」という意味ではなく、あくまでも人間を分析するための文脈で使用するケースが多かった。

自殺【じさつ】

かつて林家彦六師匠〔前名は8代目林家正蔵：1895（明治28）年5月16日～1982（昭和57）年1月29日〕は、談志を評して、「この人は将来自殺してしまうのではないか」と、その将来を危惧していたそうである。天才としての立ち居振る舞いからそう感じたとのことである。そんなことを、筆者は以前、何かの文章で読んだことがあるが、これはまさしく、読書家として有名で『中央公論』にさえ目を通していた彦六師匠の慧眼（けいがん）であろうか。

事実、晩年の談志は自殺願望につきまとわれていた。筆者は真打ちに昇進する直前の頃か、談志と2人で飲んだとき、「ふと気がつくとマンションの屋上に立っていてな、耳を澄ますと、おい、談志、こっちに来いよ、楽になるぞという声が聞こえてくるんだ。その気になりそうなときにな、ポール牧があの世からストップしに来るんだ。ああ、あいつは俺にこういう形で義理を返しに来るのかと思った。1度や2度じゃないぞ」という話を聞かされたことがある。この話を談春兄さんと吉川潮先生にしたら、「で、そのときお前はなんて答えたんだ？」と聞かれ、「さよう、さよう、ごもっともごもっともとしか言えませんでした」と答えたら、大爆笑だった。これは「ろくろ首」の中の与太郎のセリフである。

地震【じしん】

東日本大震災のときでもさほど驚かないほど、地震には“自信”を持っていた談志だった。その日も普段通りに過ごしている様子が、著書の中に窺（うかが）える。一度落語をやっている最中に地震が起きたとき、機転を利かせてそのまんま「反対俥（ぐるま）」という、とてもアクションが大きめの噺に変えて座を沸かせたというエピソードもある。

地震といえば、関東大震災のとき、逃げ出す酒屋の親父に「飲んでいいかい？」と聞き「いくらでも！」という許可をもらった志ん生師匠が3升ぐらいも空けてしまい、自分が揺れてるのか地面が揺れてるのかわからなかったという有名な話もあるが、覚悟ができていたのか、最晩年の談志にも、その泰然ぶりに驚かされる。

地震予知【じしんよち】

「地震予知なんてできるわけない。研究者はできると言い張ってカネをもらってるだけだ」と、よく言っていた。根拠は不明だが、得てして天才の直感というのは当たるものだ。「地震予知はできない」ことを、「予知」していたのかもしれない。

嫉妬【しっと】

「己が努力、行動を起こさずに対象となる人間の弱みをあげつらって、自分のレベルまで下げる行為、これを嫉妬という」と定義していた。それに続けて「芸人なんてそんなのばかりだ」とも言っていた。

凡百の落語家なら唾棄していたはずの感情を前向きなエネルギーに転換していたのが、まさに談志だったのではないかと思う。志ん朝師匠が自分より早く真打ちになることを聞きつけ「まだ早い！　断れ！」と言った談志の心の中は、嫉妬だらけだったはずだ（「いや兄さん、俺は実力で真打ちになったんだ」と言い切った志ん朝師匠もすごい！）。

結果、その嫉妬を元手に他の落語家の追随を許さない、誰もが成し得なかった「落語の定義と論理分解」をテーマに新境地を開いたのだった。俯瞰（ふかん）すると、この2人が鎬（しのぎ）を削ったことが落語界を大きくすることになった。嫉妬することはむしろ大切な感性で、それをプラスに転化させることができるかどうかが、さらに大事なんだと、あの世から談志のメッセージが聞こえてきそうだ。

実より虚【じつよりきょ】

1991（平成3）年、筆者が入門した当初、談志は「実より虚こそ真実だ」と落語の枕や講演などで盛んに訴えていた。「虚実という順番だと、虚が先に来るだろ。実より実は虚ありきなんだ」と。世辞愛嬌などはどちらかといえば「虚」に属すべき内容かもしれない。考えてみたら、本題の「実」に触れる前には、手紙やメールの挨拶の例などのような虚の前振りがある。あの頃、談志が特に親しくしていた岸田秀先生の「唯幻論」の向こうを張るような「唯虚論」だったのかもしれない。

自転車【じてんしゃ】

「街のがんだな。危なくって仕方ない」と、よくコラムにも書いていた。本人が乗っているというイメージはまったくない。実際、師匠と地下鉄の駅まで歩いているとき、我が物顔ですれ違う自転車野郎を見て、同じようなセリフを言っていたものだった。歩行者にとっても迷惑で、自動車からも迷惑なのに、当の自転車をこぐ人間は風のような心持ちになっているというのが、また余計イラつかせる。自転車に乗る側の人間として反省したい。

品川甚句【しながわじんく】

談志がとりわけ好んだ俗曲。前座から二つ目昇進への課題曲のような趣きのあるユーモラスな唄で、幕末の志士たちがいかにも歌っていそうな風を感じる。

「小窓あくれば　品川沖よ　鴨八百羽　小鴨が八百羽 入船八百艘　荷船が八百艘　帆柱八百本　あるよ　あるよ　朝来て昼来て晩に来て」という歌詞を、リズミカルなテンポで歌うのを愛していた。談志は、歌に限らず小気味のいいものを好んでいたようだ。

死神【しにがみ】

落語の演目。三遊亭圓朝作。借金で首の回らない男が「死にたい」とつぶやいたところ、いきなり死神が現れた。死神が言うには「医者になれ。すぐ金持ちになれる」とのことで、「病人を治すための呪文」を教える。ただしその呪文は死神が病人の足元にいるときにだけ有効で、枕元に死神がいた場合には「寿命だから諦めろ」と言い残して去ってゆく。

半信半疑で医者の看板を出すと、たちどころに病人を治癒させて大儲けし、物見遊山。贅沢を極めていたのに、儲けたカネは愛人に盗まれて一文無しになってしまう。一気に貧乏に逆戻りしたところに大金持ちからの依頼を受け、出かけてゆくと、枕元に死神がいる。「ダメだ」と諦めかけるが、機転を利かせて病人の布団をぐるりと回し、足元に死神がいる格好にして呪文を唱え、退散させる。

まんまと大金を手にした男だったが、死神に呼び止められて洞窟に案内されると、そこは江戸中の人間たちの余命を表すろうそくだらけ。そこで最前の病人と自分の寿命を交換してしまったことを悟る。なんとかして助かろうと必死な男は、燃えさしのろうそくを見つけて必死に火をつなごうとする。が、「あ、消えた」……。

談志はラストで灯されたろうそくを死神がフッと息を吹きかけて消してしまうという、ブラックなオチでやっていた。「落語をロジカルに処理すると伝統芸能としての妙味は消える」というせめぎ合いの中で新たな演出、設定を常に考えていたのだ。「このままじゃ落語はもたなくなる」という危機感からだった。

死にまつわる言葉【しにまつわることば】

晩年の談志は「人間は死ねないから生きている」と、短くも哲学的なことをよく言っていたものだった。

「今年生きることができたら、来年もその勢いで生きてゆける。2年おきに生きている感じだ」などとも。それでも新年会などでときめくような出来事があると、「また生きてみたくなった」と、振り絞るようにして語っていたっけ。

いつだったか、ミッキー・カーチスさんのライブを新年会の中で企画したことがあった。ドラムソロがとても素晴らしく、ずっとときめきっぱなしだった談志は、そのときそんな言葉をつぶやいた。当時は「老人性うつ」と戦っている気配が見え、その中でのセリフだったと思うと、とても辛くなる。天才は、やはり孤独だったのかもしれない。

死ぬことと生きることは紙一重

【しぬこととい きることはかみひとえ】

前座時代、当時付き合っていた彼女を事故で亡くした筆者だった。何かの拍子でそのことを知った師匠の一言がこれ。

前座はプライベートを一切、師匠に明かしてはならない。これは掟（おきて）のようなもので、これぐらいの冷徹さがないと芸は身につかないものなのだ。それを向こう側から破ってくれた格好だった。師匠と2人、練馬近辺を歩いているときだった。「向こうから来たトラックがハンドル切り損ねてこっちにくれば、俺はあの世だよな。あっち（死後の世界）も、こっち（現世）も、実は近いところにあるんだよな」というセリフが続いた。

「そんな紙一重の近いところに、亡くなった彼女はいるんだよ」とも取れるし、「生きることとはセンシティブなものなんだ」という意味合いにも取れる。実に深い言葉だった。やはり師匠は優しい人でした。

芝浜【しばはま】

落語の演目。腕はいいが酒に溺れている魚屋の勝五郎、通称・魚勝。女房にけしかけられて渋々出かけて行った芝の浜で、大金の入った革財布を拾ってくる。帰宅後「もう働かなくていい」と、また酒をあおって寝てしまう。

しばらくして女房が魚勝を「商いに行ってくれよ」と起こすのだが「さっき拾った金があるから働かない」という。女房は「そんな金知らない。夢でも見たのかい?」と強く訴える。魚勝は最初のうちは女房の言うことを否定していたのだが、終いには「金を拾ってきたのは夢だった」と思い込んでしまう。そうなると今度は「そんな情けない夢を見ちまうなんて。よし、俺はもう酒はやめる」とまで宣言し、人が変わったかのように働き始めるようになる。

そして3年の月日が経った。その大晦日の晩、女房が魚勝に「あれは夢じゃなかった。ほんとにあの日芝の浜で大金を拾ってきたの」と革財布を見せる。実は長屋の大家さんとも相談し、すぐにお上に拾得物である革財布を届け、「すべて夢だった」ということにしてしまったのだと告白する。怒るどころか女房の泣きながらの懺悔にむしろ感謝し、ねぎらいの言葉をかける魚勝。「お前さん、お酒飲まない」……女房に勧められて酒を解禁しようと茶碗に口を近づけるが、「よそう、また夢になるといけねえ」……。

この噺、「芝浜、革財布、酔っ払い」の3題話から三遊亭圓朝がつくったとされている(真偽のほどは不明)。その後、数多くの変遷を経て、3代目桂三木助の手で完成という系譜をたどる。以後も様々な落語家が工夫を重ねてゆき、談志が2007年12月18日、よみうりホールでの本人をして「ミューズが舞い降りた」と言わせるほどの「芝浜」に至った。

本人は「この噺は業の克服だろう。落語ではない」などと、長年にわたってかなりの葛藤を抱えながら試行錯誤していた。そういう積み重ねがご褒美となるような出来栄えだったのだろう。もともとは寄席の中でも軽い噺として演じられていたはずなのだが、いまや年末恒例、「落語の中の第九」のような様相を呈するようになっている。

談志のお別れ会の会場では、そんな伝説となった「芝浜」が会場内にビデオ上映されていた。筆者には、談志演じる魚勝の女房が、現実の奥様・則子夫人に重なって見えてしまった。ほんと、愛妻家だった談志だった。

ジミー時田【じみー・ときた】

1936（昭和11）年3月15日～2000（平成12）年3月10日。カントリー・ミュージックの大御所。本名は時田圭介（ときた・けいすけ）。1957（昭和32）年、青山学院大学在学中にマウンテン・プレイボーイズを結成し、以後、この世界で活躍する。談志は彼をこよなく愛していて、亡くなったときは葬儀委員長もつとめた。

子母澤寛【しもざわ・かん】

1892（明治25）年2月1日～1968（昭和43）年7月19日。小説家、特に時代小説の大家として有名。北海道厚田郡厚田村（現・石狩市）出身。談志の超絶愛読書だった『弥太郎笠』は、なんと拙著『老後は非マジメのすすめ』の版元・春陽堂書店から出版されていて、子母澤先生、談志、筆者と、思考の系譜がつながるような気がしている。「沙汰もねえ」などという子母澤の小説に出てくる江戸弁を、こよなく愛していた談志だった。

洒落小町【しゃれこまち】

落語の演目。ガチャガチャのお松という、とにかくよく喋る女が、亭主が「穴っぱいり（女のところに行くこと）ばかりしやがって、浮気野郎!」と、大家さんに相談する。

大家さんは在原業平（ありわらのなりひら）の「風吹けば　沖つ白波　たつた山　夜半にや君が　ひとり越ゆらむ」という歌を引き合いに出し、「女にモテて浮気ばかりしていた業平が、女房が詠んだこの歌の意味（浮気をしに行こうとする亭主の身を案じた）を悟り、以後の浮気をやめた」と説明し、「お前も何かやって亭主の気を引け、喜ばせろ」とアドバイスし、「ダジャレ」で亭主を笑わせることにする。

いざ亭主の帰宅後、得意のダジャレを連発するが、みな空振りばかり。亭主は呆れて外に行こうとしたので、「恋しくば　訪ね来てみよ　和泉なる　信太の森の　恨み葛の葉」と全然違う歌を詠んでしまったので、亭主は出て行ってしまった。そこで女房が大家さんに掛け合いに行くと「その歌は狐の歌だ」と教えられ、「ああ、じゃあ今夜も穴っぱいりだ」……。談志の得意ネタだった。筆者は「替え歌小町」という演目でやっている。

し

終戦【しゅうせん】

「これをきっかけに世の中の価値観が変わった」と、談志はよく言っていた。親以外で一番身近な大人である教師がその典型だったとのこと。日本全体が価値観のでんぐり返しだったのだろう。世のすべてが嘘つきだらけのその中で、唯一嘘をついていなかったのが、「落語」だったのだ。以後救いを求めるかのようにのめり込んで行く。

「俺には学歴はないが、落語歴に基づいた落語学がある。ちなみに世間の言う学歴とは、ただの学校歴だ」とも言い切っていた。

柔軟性【じゅうなんせい】

談志はとりたてて運動なぞはしていなかったが、柔軟性はあった人だった。ほぼ180度開脚できたもので、初めて楽屋で見たとき驚いたものだった。相撲の股割りみたいだったっけ。

十番倶楽部【じゅうばんくらぶ】

街の旦那衆が金を出し合って作った麻布の寄席。談志は前座の頃、もらった給金150円の中から土産のたい焼きを買って目黒行きの都電を待っていたが、そこへ突如横殴りの風が吹き、たい焼きが飛ばされてしまった。一個一個泥を払いながら拾っていたときに、「やめちまおうかなあ」という瞬間的なセンチメンタリズムを感じたという。あの談志だって、こんな前座時代からスタートしたのだ。

襲名【しゅうめい】

自身の「談志」という名前については、「もともと中堅真打ちの名前で、先代のイメージが強かったせいか、『なんであんな古くせえ名前を継いだんだ』と言われた」と語っていた。しかし、談志という名前は確実にこの人が大きくした。もはや、この人以外の「談志」は考えられない。若き日「小三治」という名前が欲しかったとは伝え聞いたが、もう未練はなかったろう。小さん師匠にある面無理やりつけられた格好の名前だったから、弟子が昇進に伴って名前を変更する際には、弟子の自由を尊重してくれた師匠だった。

修業とは不合理、矛盾に対する忍耐である【しゅぎょうとはふごうり、むじゅんにたいするにんたいである】

談志の、修業に対する定義。談志のオリジナルのように思い続けていたが、どうやら師匠の叔父で職人の玉井氏の言葉からの由来のようだった。

この言葉は『現代落語論其2 あなたも落語家になれる』に明記されていたものだが、筆者は学生時代から呪文のように唱え続けていた。大学卒業後、勤務した女性下着会社のワコールも、そのイメージとはまるでかけ離れたバリバリ体育会系の泥臭い会社だった。特に入社直後の研修期間中は、まさにパワハラ上司がトレーナーとなるといった、かなり厳しい境遇に筆者は置かれてはいたが、この言葉で救われたものである。いま考えると、当時のあのきつい仕打ちがあったおかげで、「立川流をやめてサラリーマンに戻ったにしても、またあの苦しい環境が待っているだけだぞ」という具合に、気持ちを切り替えることができた。人間の大概の苦悩に対しては、この言葉が万能薬となるのではないかとすら思える。

寿限無【じゅげむ】

落語の演目。授かった子供が長生きしてもらいたいと、お寺の和尚さんに相談に行く。和尚さんは無量寿経の中の「寿、限り無し」という言葉から「寿限無」という名前を勧める。「まだなんかありますか?」と問われて、「五劫のすり切れ、海砂利水魚の水行末、雲来末、風来末、食う寝る所に住む所、やぶら小路ぶら小路」などと、後半はほぼデタラメっぽく、こじつけを述べて、「さあ、この中から1つ選んで」と言われる。そこで「子供には福が訪れますように」と思い、その文言すべてを名前にしてしまったことから起こる騒動の話。

オチは、そんな寿限無くんの入学式の日、隣の子が登校の誘いに来るのだが、寿限無くんがなかなか起きないので、長い名前を呼んで起こそうとしたのだが、そのうち隣の子が「おじちゃん、おばちゃん、あんまり名前が長いんで学校が夏休みになっちゃった」……。

筆者は談志から前座名を「立川ワコール」と名づけられた。「名前なんてミシンでもヘチマでもなんでもいいんだ。自分で大きくするもんだ」と言われたものだった。このオチこそ談志のいう「落語リアリズム」ではないかと思う。「明らかにウソなんだけれども、落語の世界では許容される盛り具合」なのである。

出世するような災難に遭いたくねぇと思うから、毎朝お灯明あげて拝んでんだ
【しゅっせするようなさいなんにあいたくねぇとおもうから、まいあさおとうみょうあげておがんでんだ】

落語「三方一両損」の中のセリフ。談志はこのセリフをこよなく愛していた。端的にいえば「出世」ということを最大の目的として発達したのが現代社会である。そして出世を目指すべく合目的的に書かれているのが、いわゆるベストセラーのビジネス書だ。いわばそれらは現代人の作法書なのかもしれない。

先日とある優秀な編集者が「談慶さんの書く本は、そういう本を読んで疲れた人たち向けの本ですね」と、うまいことを言ってくれた。「うまくやるための生き方」ではなく、「うまくやらなくても生きていける過ごし方」が、落語をベースにした私の本であります。とは言いつつもベストセラー、狙いたいものです。この本の宣伝、よろしくお願いします。

ジュラシック・パーク【じゅらしっく・ぱーく】

原題『Jurassic Park』。談志の好きな映画の一つ。マイケル・クラントンの小説を1993年にスティーブン・スピルバーグ監督が映画化して世界中で大ヒット。バイオテクノロジーによってよみがえった恐竜たちが人間を襲うサスペンス。「恐竜を見世物にしよう」と考えた人間の浅知恵に、まるで恐竜たちが復讐するかのようだ。

状況判断【じょうきょうはんだん】

何より「状況判断」を重んじていた談志だった。「状況判断のできない奴を馬鹿という」と、馬鹿を忌み嫌っていた。

実は前座修行は「状況判断のスキルアップ」にかかっていた。「こういう言動をすれば向こうはこういう印象を持つだろう」という、メタ認知である。こういう日々の積み重ねはやがて落語へも反映されてゆく、と考えるところに修行の合理性があったのだ。入門当初はそれがなかなか会得できず、本当に苦労したものだった。

少子化問題【しょうしかもんだい】

「面倒くさいし、ガキのことよりテメエのほうが大事になってきているのだから、少子化は当然の現象」と、談志はよく言っていた。「少子化担当大臣てなあ、なんの仕事をしてるんだ？　そもそもそいつに子供は何人いるんだ？　何に予算を使うんだ？　コンドーム廃止運動でもするのかね」と噺の枕でも言っていたし、また本にも書いていた。

「世界の半分が飢えていて、3分の1が飢餓状態であると聞くと、何が少子化だよ」と続く。将来の難問と振りかざしてくる姿勢、それ自体に問いかけていたのだ。

常識【じょうしき】

「人間を生まれたときからずっと抑え込み続ける強制力」と、談志は判断していた。知らず知らずのうちにそれに縛られた人間から解放させるのが、芸術やスポーツの役目なのだ、とも。ゆえに人間は、だからこそ知らず知らずのうちに非常識なものに憧れる。「常識」に対する非常識を表現した噺が「滑稽噺」で、これを談志は「業の肯定」と言った。そして非常識を凌駕するのが「自我」とも言っていた。「業の肯定」という定義だけでは捕捉できないものの存在を発見し、それをどう落語の中で表現してゆくかのドキュメンタリーこそが、晩年の談志のテーマとなっていった。

昇進【しょうしん】

落語家にとって、真打ち昇進は一番センシティブな問題である。談志は「志ん朝と圓楽が俺より先に真打ちに昇進したことが、落語協会分裂騒動にもつながった」と、よく言っていた。「師匠は自分自身が真打ちのときに弟弟子に抜かれて嫌な思いをしてきたから、自分らにはしないだろう」とタカをくくっていた筆者だったが、見事に談笑に抜かれた。しかも真打ちではなく二つ目のときに、だ。あれで目が覚めた。

浄心寺本郷さくら霊園
【じょうしんじほんごうさくられいえん】

談志が眠る墓地。南北線東大前駅より徒歩3分ほど。入って右側にお墓がある。頻繁にファンの方が訪れているようで、お花と線香の煙が絶えない。心の拠(よ)り所というより無料人生相談所。

松竹演芸場【しょうちくえんげいじょう】

正式名称は浅草松竹演芸場。1944（昭和19）年5月1日から1983（昭和58）11月10日まで存在し、軽演劇を中心に番組が組まれていた。談志は小学校5年のとき、初めての寄席をそこで体験した。初の落語で三遊亭金馬、古今亭今輔の両師匠の噺を聴くなんて、10歳前後の多感な未来の天才落語家の目には、さぞかし鮮烈に映ったことだろう。まるで映画の『スタンド・バイ・ミー』のような匂いを感じる。

笑点【しょうてん】

日本テレビ系列で1966（昭和41）年5月15日以来、いまも毎週日曜日夕方に放送されている超長寿演芸番組。談志は企画、構成、そして司会者として創成期から立ち合った。落語家をキャラクター化させて成功した最初のケースで、談志が仕切っていた頃は「飲酒運転はなぜいけないのか?」という問いに、「人をはねたときの充実感がないから」などと、いまの時代では考えられないようなブラックジョークをぶちかます内容だったが、談志が出演しなくなってから、現在のようなソフト路線へと転換した。

笑福亭鶴瓶【しょうふくてい・つるべ】

1951（昭和26）年12月23日〜。落語家、タレント、俳優、司会者としても活躍。本名、駿河学（するが・まなぶ）。大阪府中河内郡長吉村（現在の大阪市平野区）出身。兵庫県西宮市在住。NHK総合テレビの「鶴瓶の家族に乾杯」でお茶の間にもお馴染み。

1972（昭和47）年、6代目笑福亭松鶴門下に11番目の弟子として入門。本業の落語より、むしろタレントとしてデビュー。舞台、テレビ、映画などで大ブレイクし、役者としての知名度を上げた後、2003年以降、古典落語に情熱を傾けている。また「鶴瓶噺」など独自の世界を展開。談志は若手時分から可愛がっていた。以前談志が入院していたとき、手ぶらで見舞いに来て、土産話で談志を大爆笑させた。そこで「これ、お礼だよ」と、談志が手渡したのが桂三枝（現・文枝）師匠からもらったばかりのお見舞い金。5万円入っていたという。

小籠包【しょうろんぽう】

談志の好きだった料理の一つ。豚のひき肉を小麦粉の皮でくるんだものを蒸していただく。台湾が好きでよく旅行に出かけていて、こよなく愛していた。練馬の自宅で気のおけない友人らを集めて飲茶（やむちゃ）パーティーなどをやっていたものだった。

ジョークとウィット【じょーくとうぃっと】

「ジョークは練って作り上げるもの。ウィットは作り上げるものではなく、対話の中でふっと返していくもの」と、談志は定義していた。若い頃からの蓄積がモノを言っていたのだ。筆者が談志から聞いたジョークで好きなのは、職業安定所へ男が来て、「私、子供が12人いまして……」「他にできることは？」というもの。鮮やかなオチだ。

ショパン猪狩【しょぱん・いがり】

1929（昭和4）年6月20日〜2005（平成17）年11月13日。コメディアン。本名は猪狩誠二郎（いがり・せいじろう）。「ヘェ〜イ!! レッドスネェ〜ク!!! カモォ〜ン!!」と言いつつ笛を吹き、3つの壺からカラフルな蛇の縫いぐるみをニョロニョロと登場させる芸「三蛇調教」を、東京コミックショウというコンビ名で披露、一躍大人気となる。

東京コミックショウは最初は鯉口潤一と組んでいたが、のちに妻の千重子、そして娘と組むことになる。談志は「世の中の芸で、これほどバカバカしくて面白くて、一度見た人に永遠に残る芸も珍しい」と大絶賛。そして赤坂のラテンクォーターで観ていたフランク・シナトラをもときめかせたという。

白山雅一【しろやま・まさいち】

1924（大正13）年2月29日〜2011（平成23）年9月20日。声帯模写芸人として活躍。東京演芸協会顧問。本名は山白雅一（やましろ・まさかず）。「戦後、最初に売れた大スター。雲の上の人でした」とまで談志が評した、憧れの人だった。藤山一郎、灰田勝彦、霧島昇、岡晴夫、小畑実、東海林太郎、ディックミネ、淡谷のり子、そして演芸界では三遊亭圓生、柳家三亀松の声帯模写が絶品だった。

真打ち【しんうち】

見習い、前座、二つ目、真打ちという落語家のランクの中の最高位。「師匠」と呼ばれ、弟子を取ってもいい身分となる。寄席でトリを務めることができる。

江戸時代、落語を語り終えたその日最後の出演者が、ろうそくの灯りの芯を打って消した「芯打ち」から「真打ち」になったという説がある。基本は年数による昇進だが、マスコミなどで売れっ子となり、観客動員が優れているなど、席亭からの推薦などによって昇進が早まるケースもある。立川流の場合は、談志の生前は「落語100席プラス、二つ目昇進時以上の歌舞音曲のクリア」という基準が課せられていた。なお、談志の死後は二つ目にしろ真打ちにしろ、それぞれの師匠の判断で決め、一門はそれを追認するという形を取っている。

真打ちは最後に登場するもんだ

【しんうちはさいごにとうじょうするもんだ】

1971（昭和46）年、第9回参議院選挙に全国区から無所属で出馬し、初当選した談志だったが、当時の全国区で50人中50位の最下位当選だった。そのときの記者からのインタビューで「寄席でも選挙でも、真打ちは最後に上がるもんだ」と語った。後年、「国会議員だったことが恥になっているのは俺ぐらいだ」とも、よく語っていた。

し

人格は否定していない！【じんかくはひていしていない！】

前座修行中によく言われた言葉。相次ぐドジの連続で談志を何回怒らせてしまったことか。その度に、このセリフをもらい続けていた。これは「俺が怒るのはお前の行動に対してであって、決してお前の人格を否定しているわけではない！」という意味であり、ほんと救われることになった。あの頃「パワハラ」という言葉はなかったが、決して談志からの言動はパワハラではなかった何よりの証拠。弟子を決して「あいつら」とは呼ばなかった。「彼ら」と呼んでいた。あくまでもジェントルマンだった。

身障者【しんしょうしゃ】

根っからの談志ファンで現在、重度身体障害者でありながら、お笑い芸人でもあるホーキング青山さん。談志は彼をとても可愛がっていて、鵜の木の自宅に招いて酒を飲ませたりしていた。

「酔っ払ってこれから警察の前で暴れてみろ。そのとき警察官がどういう態度を取るか。大概は同情して、かばいながら『気をつけて帰ってください』と言うだろうが、そのときに『いくら身障者でも甘ったれるな！　ちゃんとしろ！』という奴が現れたら、そいつは本物だから付き合っていい」とアドバイスをしていた。

身障者だろうが健常者だろうが時の権力者だろうが、弟子だろうが、誰に対しても差別なく偉そうに振る舞っていたのが談志だったのだ（笑）。ちなみに談志はホーキング青山さんの著書『差別をしよう！』（河出書房新社）を絶賛していた。

人生、食って寝てやって終わり【じんせい、くってねてやっておわり】

談志がよくサインに記していた言葉。「人生」が冒頭に来る彼の言葉で共通するのは「あんまり深く考えるな」ということ。

人生成り行き【じんせいなりゆき】

これも、よくサインに記していた言葉。しかし「何も考えずに野放図に生きろ」というような短絡的な意味では決してなかった。

「もっと人生を信じてみろ。大きなものに委ねてみろ。そこから聞こえる声がきっとあるはずだ。たかだか考えてみたところでお

前の頭だ」という「自然体で構えろ」というような意味に、筆者は捉えていた。

ワコールという安定した企業から明日をも知れぬ落語家という不安定な道を選んだ自分を、師匠はそんな目で見てくれていたのかもしれない。この言葉を信じて歩き続けてきたら、気がつけばこの本も含めて12冊の本を書いていた。成り行きに任せると謙虚になれるような気がする。成り行きこそ人生をナビゲートしてくれる。

人生なんて死ぬまでの暇つぶし

【じんせいなんてしぬまでのひまつぶし】

これもサインに記したり、よく言ったりしていた。筆者は前座時代が思いのほか長引いて、腐りかけていた心持ちになっていたこともあった。しかしそんなことは、天才落語家には完全にお見通し。師匠は「俺にこんなこと、言わせんなよな」といった雰囲気を醸し出しながら、この言葉を手向けてくれたものだった。

「お前が焦る気持ちは百も承知だ。人生なんてそんなに思い悩むものではない。思う通りにならないのは当たり前だ。あんまり深く考えるな」という補助線を言外に感じたものだった。筆者は以後、人生相談めいた話を持ちかけられたとき、師匠にもらったこの言葉を相手に贈ってあげている。「流産したと思えば儲けもんだろ」という言葉が後に続いて、より説得力が込められる。そう、人生に目的なんてないんだ。目的を持った時点で苦しくなるのだ……。

新年会【しんねんかい】

毎年開催される立川一門の行事。筆者が入門してしばらくは、元旦に練馬の師匠宅で開催されていた。しかしだんだん師匠も高齢となり、住まいの拠点も根津が中心となったことから、その後根津のマンションの別室で開催されることになり、しばらくして池之端の「東天紅」にて師匠の誕生日である1月2日の開催となっていった。この年中行事を、師匠は晩年はことに大切にしていた。いま現在もそちらで、同じ日に継続して行われている。

前座さんの芸の発表やら、一門カルトクイズなど、おなじみの催しがあり、エンディングは毎年「浅草の唄」と「ふるさとのはなしをしよう」を大合唱しての大団円となる。

師匠の生前と変わったのは、生前は根津権現にお参りしていたのが、師匠の死後はお墓参りをしてからの新年会突入になったという流れぐらいである。筆者は10年以上前か、家族で参加した。まだ幼稚園児だった長男と次男に師匠は「おい、ビール飲むか?」と問いかけたそうな(笑)。うちの子供たちは、いまだにそれを覚えている。

新聞で正しいのは日付だけだ

【しんぶんでただしいのはひづけだけだ】

談志の名言の一つ。要するに「流れて来る情報を鵜呑みにするな」ということ。いま風の言葉で言うなら「メディアリテラシー」という意味。短い言葉で核心をえぐる談志の面目躍如のようなセリフだ。あなたも作ってみては？　例えば「テレビで正しいのは時報だけだ」とか、「自己啓発書で正しいのはページ数だけだ」などといった具合に……。

水道橋博士【すいどうばしはかせ】

1962（昭和37）年8月18日～。岡山県倉敷市出身。お笑い芸人、エッセイスト、コメンテーターとして活躍。本名は小野正芳（おの・まさよし）。漫才コンビ・浅草キッドの“突っ込み”を担当。ビートたけしに憧れて追っかけから始め1986年弟子入り。1987年に玉袋筋太郎と浅草キッドを結成。その後ブレーク。自著『藝人春秋2』の中で「自身を解放してくれた恩人」として、石原慎太郎のほかに談志を挙げている。

談志の言った「芸人が話すだけでなく本を書く。それは全部言い訳なんです。言い訳したいから話す。話すだけで収まらないから記すんですな。そんなことは、自分が欲するからやってんだ。他人は関係ない。自分のことは自分で認めてやればいいんだ。芸人なんてえのは、自分の好みになるのが一番いいんです！」などの言葉から「芸人が書く」ということに対する戸惑いがはっきり消え、以後文章の仕事をする上での座標になったとのこと。1994年9月5日のことだったという。

そんな談志の言葉から作家・水道橋博士が生まれたのだが、その後『大事なことはすべて立川談志に教わった』(KKベストセラーズ)を博士さんに絶賛、評価されたのがきっかけで以後筆者が10冊以上も出す「本書く派落語家」になったことを考えると、筆者の恩人こそ博士さんでもある。ここでも談志を巨星と仰ぐ星々がつながったのだった。

睡眠薬【すいみんやく】

談志は睡眠薬を「ミンタロウ」という呼び名で愛好していた。20代の頃から飲んでいたという。

いまだからこそ話せるが、20年以上も前か、根津の自宅マンションで行われた新年会で前座全員に睡眠薬が投与された。談志は他人に睡眠薬を飲ませて反応を見るのが大好きだったのだ。筆者はビールで飲んだせいもあって、即座に意識が混濁し、眠気というより多幸感に包まれてしまい、マンションの非常階段の踊り場あたりに膝を抱えて座り、寝込んでしまった。「ワコールが効いたようです」と兄弟子が師匠に報告すると、師匠はゲラゲラ笑って楽しんでいたという。1時間ほどで目覚めたが、そのことは一切覚えていない。「師匠が喜んでくれたなら」というレベルだった。以後、師匠は筆者には一切睡眠薬を飲ませようとはしなくなった(笑)。

スタンダップコメディ【すたんだっぷこめでぃ】

一人で立って喋る西洋風漫談のスタイル。レニー・ブルースやエディ・マーフィーらが有名。若い頃から談志は積極的に取り組み、着物ではなく洋装でのたたずまいでスタイリッシュにこなしていた。時事ネタ、毒舌、豊富な小噺をもってキャバレー周りで場数をこなし、さらには結果として、選挙活動で獲得したドスの利いた声が「らくだ」などの落語にも反映されていった。

日本スタンダップコメディ協会(清水宏会長)副会長のぜんじろうさんは「スタンダップコメディとはI think(俺はこう思うんだ)の世界観の主張」と定義する。ちなみに日本スタンダップコメディ協会には、筆者も入会させていただいている。

ずぼらん【ずぼらん】

かっぽれの中の滑稽踊りで、葛西領は篠崎村に住む脇の娘にちょっかいを出そうとする生臭な坊さんの当て振りである。談志は若き頃、寄席で見たこの踊りが好きだったとのこと。そんな郷愁をくすぐることができたせいか、筆者はこの踊りとオリジナルで開発した雪駄タップ(三味線で奏でるデューク・エリントンの「Take the A-train」)を披露したせいで、真打ち昇進の内定を獲得した。

相撲【すもう】

談志は「角力」と書く相撲のほうを好んでいたフシがあった。力士の大型化による決まり手の減少を嘆き、それもあって「技のデパート」と呼ばれていた舞の海さんを贔屓(ひいき)にしていて、引退相撲のポスターの題字と書いていたりした。

そういえばお内儀さんから「パパ、内無双ってどんな技?」と聞かれて、「お前ちょっと立て」と筆者が談志と組み合うことになり、「ここを手を使ってこうやって膝のところをひねってひっくり返すんだよ」と、技のレクチャーをしたことがあったっけ。「高見山(元東関親方の現役時代の四股名)がな、国に帰れば自分みたいな身体の連中はザラにいますと言っていた。もう日本人は太刀打ちできんだろうなあ」と、国際化を早くから予言していた。

政治家【せいじか】

「立候補しているのに、たいしたのが出るわけない。(客席を見渡して)だって、この中から選ばれるんだよ」と、選挙が近づいたときの落語会などでよく言っていた。

これ、政治家を侮辱しているわけでは決してない。「居合わせた人たちの中から選ばれるのが民主主義だ」という本質をズバリ突いた発言なのだ。「選ぶ立場のあなた方が自分のことを棚に上げて、自分にないはずの理想やら純度を立候補者に求めている限りダメだよ」と。ちなみに談志はあれほど忙しい身の上でありながら、必ず投票には行っていた。住民票が練馬にあったので、練馬の自宅から出かけていたものだった。

セコ【せこ】

芸人用語で「大便」の意味。転じて「良くないもの」を指す。「セコをふかす」は大便をするということ。

セレモニー嫌い【せれもにーぎらい】

葬式や結婚式などのいわゆる形式的なセレモニーを、とにかく嫌っていた。自らの葬式についても「坊主が儲かるだけだ」と嫌がっていた。結婚式でも長女の弓子さんの結婚式のときもバージンロードを歩くのを嫌がり、代わりに毒蝮三太夫さんがその代役をつとめたという。「儀式に対する照れ」があったのだろう。

疝気の虫【せんきのむし】

落語の演目。医者が奇妙な虫を見つけるとなんとそれは「疝気の虫」。いろいろと聞き出すと、蕎麦（そば）が大好物で、唐辛子が大の苦手とのこと。蕎麦を食べると力がみなぎってきて悪さをした結果、男は痛がる。逆に唐辛子に触れると身体が腐ってきてしまうので、それを避けようと別荘（陰嚢（いんのう））に隠れる……。「へー、そうなんだー」と思った瞬間に目が覚めた。夢だったのだ。

ぼんやりしていると、そこへ疝気で苦しむ患者を抱える家族から診察依頼が来る。夢の中の治療を早速実践しようとする医者。まず患者の奥方に蕎麦を食べさせてその匂いを患者に嗅がせる作戦に出た。すると疝気の虫は患者の身体から奥方のほうに移った。今度は奥方が疝気の痛みに苦しみ出した。これを見計らって、あらかじめ用意しておいた唐辛子を溶いた水を奥方に一気に飲ませると、慌てて逃げ始めた疝気の虫たち。オチは「別荘はどこだ？　別荘はどこだ」(とそのまま楽屋へ消えていく)。いわゆる「考えオチ」。

談志はこの噺から、「なぜ医学は病気と対話しようとしないのだ。がんに対しても、初めから制圧しようという姿勢ではなく、まず向こうの言い分を聞いてみたらどうだ。医学の遅れはそんなところにあるのでは?」と提案していた。対話という言葉を媒介とした行為を絶大に信じていた談志の、思考の結晶のような噺。

選挙応援【せんきょおうえん】

自らが国会議員だったということもあって、談志は選挙応援が大好きで、縁のある候補者には率先して応援に行った。長野の小坂憲次さんなどは、その父・善太郎さんからのつながりということで、頻繁に選挙応援に駆けつけたものだった。義理堅い人だった。

前座の頃、師匠には選挙応援の「てにをは」まで教わった。「車に乗ったら実況中継をやってみろ。俺は動体視力が良かったからすれ違う車のナンバープレートや車種、手を振ってくれた人の衣装までも読み上げたもんだった。『長野55の○×△□のカローラの方、運転お疲れ様です！　赤いセーターを着たお兄さん、ご声援ありがとうございます』といった具合に」。以来、筆者も師匠と親交の深かった当時社会党の上田哲先生の応援にはよく行かされたものだった。そして談志は選挙応援や自らの選挙活動でドスの利いた声を獲得し、選挙を通じてキャラも確立させ、新たなステージに上がって行くきっかけを作った。

前座【ぜんざ】

落語界における最低の身分。立川流においては前座名がつくまでを「見習い」、前座名がつけられて二つ目に昇進するまでが「前座」と呼ぶ。

師匠の身の回りの世話、寄席に入っては開口一番と称するトップバッターを務めるほか、太鼓、高座返し、楽屋で着物を畳んだり、お茶出しをしたりするなど、末端として目端を利かせて働かなければなれない。落語会が終われば打ち上げなどでも気を利かせて動かないといけない。入門後、何年かして次のランクの「二つ目」に上がると、晴れて羽織着用と、なにより落語家としての自由な活動が許される。

前に書いたように、通常は年数に応じて昇進するが、立川流の場合には「落語50席プラス歌舞音曲」という明確な基準が設けられている。談志に「前座と前座レスラーなどといった具合に蔑称なんだぞ」と、よく発破をかけられたものだった。

筆者はその突破に9年半もの長い年月を要した。ま、そのおかげで談志とは密度の濃い付き合いをさせていただくことにもなり、またこの本を書くだけの体験を積み重ねることができたともいえる。上方落語のほうでは「年季」と称する。「もう年季は明けたかい?」は「前座修行を終えたかい?」という意味。

前座は蔑称なんだぞ
【ぜんざはべっしょうなんだぞ】

筆者が前座時代が長引いていたとき、談志に言われた言葉。どんな名人でも、最初はこの蔑称から始まる落語界。いきなり発言権を与えるなんてことはしない。一定の基準を満たさない限り、その存在を認めない。「侮蔑を原動力にせよ」という談志の教えだと、いま悟る。ここでタフになる。想像するに相撲の「股割り」みたいなものかな。無様な恥を晒すことで大怪我をしないためのエチケット。とにかく前座の身分でいるうちの“自己主張”を徹底否定した談志だった。

銭湯は裏切らない
【せんとうはうらぎらない】

談志がよくサインに書いていた言葉。「映画や小説には、カネ返せと怒りたくなるものにはよく出くわすが、銭湯はあの値段でいつでもどこでも喜ばせてくれる」と続く。

よくお供で一緒に行かせてもらったものだった。「どんなに熱くても絶対に水で埋めてはいけない」「縁に腰掛けない」などのルールがあった。背中を流していると「下手くそ！　背中一つ流せねえのか。こうやるんだ。こっち向け！」と、師匠に背中を流してもらったことがある。「なんで俺が弟子の背中流さなきゃいけねえんだ」と言われたものだった。

潜伏期間【せんぷくきかん】

「病原体に感染してから、体に症状が出るまでの期間、あるいは感染性を持つようになるまでの期間のこと」。前座の頃よく言われたこの言葉、無論、風邪やインフルエンザのことではない。「芸事が身につくまでの稽古や修練に当てる時間」のことを指していた。

「すぐに結果なんて出るものではない。でもすぐに結果が出ないからと言って何もしないでいると、今度は何もしない歴史が積み重なるだけだ」と。「コツコツやれば必ず結果は出る」と、“積み重ね”というものをとても大切にしていた談志特有の考え方だった。「努力は馬鹿に与えた夢」とまで言い切っていた人だったが、実際、これほどまでの努力家はいなかった。世の中すべて「表に出るまでの潜伏期間」かもしれない。コツコツやりましょう。

宗助さん【そうすけさん】

落語「二番煎じ」の中に出てくる、いじられキャラ。侍とのやりとりの中で矢面に立たされてしまう。談志はこの宗助さんを愛していた。「宗助さんだけは忘れちゃいけねえ」と、よく言っていたものだった。

象の小噺【ぞうのこばなし】

「お前さん、大きな動物知ってる？」「象です」「じゃあ象より大きな動物は？」「大きな象ですね」……談志は、この小噺を好んでいた。そして「クジラは哺乳類で象より大きい」という判断に対する皮膚感覚からの拒否へとつなげていったし、「クジラを哺乳類に属させたのが文明でそこからおかしくなった」という論調で文明批判を展開させた。

「だって、クジラは魚屋で売ってるだろ？肉屋にゃ置いてないだろ」は、かなり説得力ある理屈として感じられたものだった。

粗忽長屋（主観長屋）

【そこつながや（しゅかんながや）】

落語の演目。浅草観音詣でに来た八五郎は、昨晩、身元不明の行き倒れに出くわす。死体の顔を見た八五郎は、同じ長屋の熊五郎だと言う。「じゃああなたお友達なら引き取ってもらえますか?」と聞かれ「いや、死んだ当人を連れてくるよ」と言って去って行く。役人たちは啞然！　長屋へ帰ってきた八五郎は、熊五郎に対し、お前が浅草寺の近くで死んでいたと言う。熊五郎は「生きているよ」と言い返すが、主観の強い八五郎に諭され、自分は死んだんだと納得する。そして2人は浅草寺へやってくる。変なのが二人にもなり、さらに啞然とする役人たちを尻目に、熊五郎は泣きながら死骸を抱きしめ「どうもわからなくなったよ。抱かれているのは確かに俺だが、抱いている俺は一体誰だろう?」……。

談志十八番（おはこ）の一つ。粗忽という概念ではなく、八五郎＝「主観の強い奴」という設定で、「主観長屋」という演目でやっていた。人間多かれ少なかれ、この八五郎のような主観で生きているはず。そもそもそんな自分を規定している「常識」とは一体なんなのか？　こう書いている俺は俺だが、同時に読んでいる俺は、一体誰なんだろう?

蕎麦がき【そばがき】

談志の好きだった食べ物。蕎麦粉を熱湯で溶いてペースト状にしたものを山葵醤油（わさびじょうゆ）でいただく。「うちに送られてくるものは、基本いいものばかり」と言うだけあって、蕎麦粉もイイのが長野あたりからよく届けられていた。基本、家にいるときは食べるものは自分でこしらえていた師匠だった。

尊敬【そんけい】

「自分にないものを欲しがるというか、欲しいと思ったときの感情」を「尊敬」と、談志は定義していた。

そんな談志のターゲットになったのが、漫画家の手塚治虫さんであり、政治家で元総理の大平正芳さんであり、作家の色川武大さんであり、紀伊國屋書店創業者の田辺茂一さんだった。そんなターゲットを崇（あが）め奉るだけではなく、その懐に上手に飛び込んで行く才覚も、談志は持ち合わせていた。人たらしだったのだ……。

そ

大工調べ【だいくしらべ】

落語の演目。大工の与太郎が一両二分と八百という額の店賃を滞らせてしまい、棟梁である政五郎から一両二分もらって、「八百は足りないが、なんとかそれでうまく勘弁してもらうよう頼んで来い」と言われたが、与太郎は馬鹿正直に棟梁（とうりょう）の言葉をそのまんま伝えてしまい、大家は激怒。

仕方なしに棟梁も付いて行って大家に詫びるのだが、因業大家は取りつく島もない。そのため、棟梁も怒り心頭に発して、聴かせどころである威勢のいい啖呵（たんか）を切る。そして与太郎はそれをまた真似るようにして、しどろもどろの啖呵となり笑いが起きる。

この後、「弱いこちとらにゃ、強えお奉行さまがついてるんだ」と奉行所へ駆け込むという流れで語り終えるのだが、談志はここに見事なオチをつけた。ここで大家が逆襲し、棟梁が「このやろう、嘘八百並べるな」というと大家が「おい棟梁、嘘でもいいから八百並べろ」。いやはや、お見事なカットアウトだ。

大笑点【だいしょうてん】

2001（平成13）年から2003（平成15）年あたりにかけて、『特冊新鮮組』（竹書房発行の隔週刊娯楽雑誌）に連載されていた大喜利形式のネタ投稿コーナー。談志が企画立案したこともあるのか、談志好みの優秀な投稿が目立っていた。

「同時多発テロの世界貿易センタービル跡地に作られたものとは?」というお題に、春風亭昇太師匠が「的」と答えたのには大笑いさせてもらった。

「英霊とはイギリスのお化け」、「北朝鮮のキャッチフレーズ」に「冷やかし中華始めました」などなど、プロの芸人が参加するほどの高レベルのネタが集まっていた。

代書屋【だいしょや】

落語の演目。無筆の男が代書屋（今でいう行政書士）のところに来て、就職先に持参する履歴書を書いてもらう噺。元々は上方落語で、談志が3代目桂春団治師匠を通じてこの落語を知り、桂米朝師匠の許可をもらって、東京弁に焼き直した。米朝師匠の師匠、4代目桂米團治師匠の作といわれている。

ダイ・ハード【だい・はーど】

原題『Die Hard』。アメリカのアクション大作で、談志が好きだった映画の一つ。主人公のジョン・マクレーン刑事（ブルース・ウイリス）がたった一人で凶悪犯グループに立ち向かう。「ダイ・ハード」という言葉には「不死身なやつ」という意味があるが、何度も窮地に陥りながらも、しぶとく立ち直るマクレーンの姿は、見る者に勇気を与えてくれる。この映画の成功により4本の続編が作られた。

風靡する。談志に心酔し、『現代落語論』をバイブルとしていた。

筆者は大学4年のとき、紀伊國屋ホールで行われた「立川藤志楼独演会」での「死神」の素晴らしさに立ち会い、間欠泉のように繰り出す時事ネタギャグの嵐の洗礼を受けた。ちなみに、その会で前座をつとめていたのが志らく兄さんで、こちらも「後生鰻(ごしょううなぎ)」が大爆笑で、立川流のすごさに戦慄を覚えたものだった。

高崎の駅弁【たかさきのえきべん】

この駅の名物は「だるま弁当」と「鶏めし弁当」。師匠はこの2つとも、好きだった。特に「鶏めし弁当」は長野での落語会の前後で、師匠によく買ってもらったものだった。鶏そぼろご飯の上に鶏モモの照り焼きがトッピングされていて、甘みと辛みのバランスがとてもよく、この次も食べたくなる逸品。調べてみたらなんと1934(昭和9)年から販売されているロングセラー駅弁。おすすめです。

高田文夫【たかだ・ふみお】

1948(昭和23)年6月25日～。放送作家、タレント、演芸評論家、演芸プロデューサー。本名は高田文雄(読み同じ)。演芸関係者は高田先生と呼ぶ。

落語家としての高座名は「立川藤志楼」で落語立川流Bコースに所属。日大芸術学部卒業。大学時代に落語研究会に所属。卒業後、「ひらけ!ポンキッキ」の放送作家としてデビュー。以後、「オレたち　ひょうきん族」、「らくごin六本木」、「ビートたけしのオールナイトニッポン」など多数のバラエティ番組の構成を手がけ、自らもその喋りで一世を

たがや【たがや】

落語の演目。両国の川開き当日、恒例の花火大会の見物客で、両国橋の上は押し合いへし合いの大混雑。よせばいいのに、そんな中を馬に乗り、お供を連れた侍が通りかかるというんだから、まさに無粋の極み。侍たちが無理やり掻(か)き分けて通ろうとしたそのとき、反対側から道具箱を担いだ、たが屋が通りかかる。たが屋は混雑に巻き込まれ、道具箱を落っことしてしまい、その途端、中に入っていた箍(たが)が弾(はじ)けて、運悪く、侍の

かぶっていた笠を弾き飛ばしてしまう。いくら謝っても侍は聞き入れず「切り捨てい!」。

そこからたが屋と侍側との大喧嘩。まずたが屋が共侍を一人やっつけて、観衆はたが屋の一方的な応援団と化す。いよいよ侍との一騎打ち。すると今度は侍の刀が一閃(いっせん)、たが屋の首がはねられ天高く舞った。見ていた観衆が「たーがやー!」。

通例としては、侍の首が天高く舞って「たーがやー!」となるのだが、談志はたが屋の首が飛ぶという演出をしていた。それはテーマを「大衆の無責任」と捉えて、「たが屋の味方でもなんでもない。騒げればなんでもいいのが大衆」という思いを込めたからだ。

筆者はニューヨークでヤンキース戦を観戦中、同じような出来事に接した。当時薬物疑惑で揺れるアレックス・ロドリゲスが打席に立ったとき、観衆は相当なるブーイングの嵐だった。が、ホームランを放つと今度は一気に賞賛の掛け声となった。アメリカ人は大衆そのものなんだろうなあ。だからトランプみたいな人が選ばれるのかも。

だから、教えねえほうがよかった【だから、おしえねえほうがよかった】

落語「長短」のオチ。談志はとりわけこのオチが大好きだった。このオチだけにフォーカスして、「いまの世の中は情報過多なのではないか。そもそもが教え過ぎ、与え過ぎなところに諸悪の根源があるのではないか?」などとさらに発展させ、文明否定をそこに見出そうとしていた。落語の中の言葉の端々にあらゆる可能性を信じていたのだろう。かくも感受性の強い落語家はかつていたことがなかった。

炊き込みご飯【たきこみごはん】

談志は食材を決して無駄にしない人だった。『食い物を粗末にするな』(講談社)という本まで書く人だから、その徹底ぶりはすごい。「お前の実家から送ってもらった野沢菜漬けな、あれたくさんあったから炊き込みご飯にしたぞ」などと工夫していたものだった。

確かに炊き込みご飯にすればバリエーションは広がる。冷凍庫に残っていた「まい泉のカツサンド」を餡(あん)にして餃子をこしらえたこともあったが、ほんとうまかった。「こういうのだって、ネパールの山奥で出されたと思えば美味いだろ」が自論だった。

滝大作【たき・だいさく】

1933(昭和8)年7月22日〜。コメディ作家、演出家。早稲田大学文学部演劇科中退。東京都出身。元NHK勤務。談志とはとても仲が良く、郵政委員だった議員時代からの付き合いだった。

だくだく【だくだく】

落語の演目。家財道具の一切を売ってしまった男が部屋一面に白い紙を貼り、近所に住む画家に、豪華な家具や日用品、そして眠る猫を細密に描いてもらう。さらに男は「用心のため、武芸の心得があるように」槍なども。

そこへ泥棒が入ってくる。無論、絵なので盗むわけにはいかない。粋な泥棒は「ならば盗んだつもりになってやろう」と絵に描かれた金銀を盗んだつもりになっていると、その粋に答えようと泥棒の動きをこっそり見ていた男が呼応し始め、「槍をしごいて泥棒を突き刺したつもり、えぐったつもり」と言うと、泥棒が、「だくだくっと血が出たつもり」。

談志は「人間なんかそもそも、つもりの上に生きているのでは」とよく言っていた。「住宅なんぞ文明のハリボテだ。いや、もっというと文明自体がハリボテではと気づいたのだ」とも。

「現代においては学習も含めどこかで無理をしていることに人類は気づき始めたのでは」というアプローチを考えてみると、この落語は未来の予言のようにも思えてくる。それにしても「つもり」は平和的知的解決法ではないか。ほんと、談志がこれまた言っていたっけ。「落語は人を殺さないよ」と。

ダジャレ【だじゃれ】

天才的な言語感覚と抜群のギャグセンスの結晶のようなダジャレを連発していた。また過去の芸人たちが作ったダジャレも丹念に集めて、調べていた。そういう質と量との積は落語家人生の象徴でもあった。以下、代表的なダジャレを。「花火屋のローレンス」、「毒蝮サンダル」、「納豆屋由美」、「毒ガス、7月、8月」。

叩いていいのは朝鮮の洗濯
【たたいていいのはちょうせんのせんたく】

談志はこう言って暴力否定主義を貫いた。いつも「落語家なんだから言葉で処理しろ」とは常に言い続けていた。平和主義者だったが、言葉でいつまでもネチネチ来るのはたまったものではないときもあった（笑）。

タダが好き【ただがすき】

「タダ」とか「安上がり」という言葉が大好きな談志だった。何か前座に指示を出し、

できるだけカネがかからないで処理すると、とても評価してくれた。要するにケチなのだが、それが一般にキャラとして認知されていたから、決して人格否定とはならなかったのが、談志のすごさだった。よく知り合いのお寺へ「お盛り物（お供え）、もらってきてくれ」などと言われたものだった。良心的に解釈すると“もったいない”の精神、つまりものを大事にしていたのだったともいえよう。

橘家圓蔵【たちばなや・えんぞう】

8代目。1934（昭和9）年4月3日～2015（平成27）年10月7日。お茶の間受けする落語家の一人で、落語協会相談役もつとめた。本名は大山武雄（おおやま・たけお）。

抜群の頭の回転の速さで、大喜利の面白さを世間に訴求したテレビ番組「お笑い頭の体操」、そしてなんといっても談志イリュージョンの原点ともいうべき「談志・円鏡歌謡合戦」、はてまたテレビコマーシャルなどでマスコミを席巻。談志のことを「兄貴、兄貴」と慕っていた。談志も全幅の信頼を置いて、無茶振りをしていたものだった。

タップダンス【たっぷだんす】

タップスと呼ばれる金属板を靴底の爪先（ボウル）と踵（ヒール）につけて、木やアクリルなどの床を、音楽に合わせて踏み鳴らす踊り。

若き談志は、これをこよなく愛して、中川三郎さんの元に通い始めたのだが、本人曰く「才能のなさを痛感してやめた」とのこと。以後、鑑賞専門となり、フレッド・アステア、ニコラス・ブラザーズなどのタップを生涯愛し続けた。

「俺はソフトシューズ（ステップの一種）まではなんとかできたのになぁ」とほろ酔い加減でつぶやいていたのをきっかけに、「じゃあ、師匠よりうまいタップのステップを身につければ、二つ目昇進も早くなる」と判断して、浅はかにもタップの教室に通い始めた筆者だった。その後の顛末は、拙著『大事なことはすべて立川談志に教わった』（KKベストセラーズ）に詳しく書いてあります。ぜひお読みくださいませ。

立川流創設【たてかわりゅうそうせつ】

真打ち昇進試験を巡って、「もともと未練はすでになかった」と言い切るほどに、さっぱりと落語協会を離れて設立したのが、談志自らが家元となった立川流である。1983(昭和58)年のことだった。

柳家小さん師匠がテレビのインタビューで「談志は破門だ」と言ったのを、たまたま観ていた談志が「破門上等だ!」となったという。また「俺がいなくなることで向こうもまとまりはよくなるはず」とも判断していたようだった。いま振り返ってみると、真打ち昇進試験にまつわる矛盾が立川流設立のきっかけなのだから、立川流において二つ目および真打ちの昇進基準が明確化され、それに応じる形で高くなるのは、必然だったように思う。

創立の2年後、「落語は人間の業の肯定」と歴史的定義をした『現代落語論其2 あなたも落語家になれる』を著す。創成期の決意表明、宣言書でもあった。

立川流の3コース【たてかわりゅうのさんこーす】

談志は生前、立川流の3つのコースを設けていた。Aコースを「従来通りの弟子入りして見習い、前座、二つ目、真打ちと昇進させてゆくコース」、Bコースを「各界著名人のコース」。落語が、そして談志が好きで集まった人たちに、ポテンシャルな魅力を感じての設定だったように思う。Cコースは「談志のファンクラブ的な人たちのコース」。

かつて筆者はCコースに所属していた時期があり、そこで談志の人柄に触れて、惚れてしまっての入門というルートをたどった。まさにその先に「地上の楽園」を信じてしまったのだ。虚像と実像とのギャップ。これが「立川流北朝鮮説」だ。もはや脱北できない立場ゆえひたすら朝鮮労働党の幹部を狙うしかない(笑)。

立川流の二つ目昇進試験【たてかわりゅうのふたつめしょうしんしけん】

昇進トライアルは、あくまでも真打ち昇進の際に行う形式で、それを二つ目の段階でやろうとすると、お客様への照れもあり、とりわけ談志は嫌がった。かような筆者の失敗例からの流れで、二つ目昇進はあくまでも談志とのマンツーマンによるチェックの中で決定されることが基本となった(実際、筆者はそれで突破した)。

その後、孫弟子増加とも相まって、弟子との一対一形式での二つ目基準突破チェックが、談志

には物理的に難しくなり始めてゆく。そこで、効率と談志への負担軽減ということから「複数の弟子対談志」という構図で二つ目昇進試験が実施されるようになっていった。場所は伊豆栄梅川亭。そこで談志の飲食代などの経費は試験参加者である前座が頭割りで分担した。

「お前ら、俺を喜ばせろ、ばかやろー」という談志の一言は、その後、幾度もテレビで流され、結果その試験突破の厳しさは伝説化していった。

田辺茂一【たなべ・もいち】

1905（明治38）年2月12日～1981（昭和56）年12月11日。東京府（現・東京都）出身の出版事業家、文化人、作家。紀伊國屋書店創業者。

経営にはほぼ関与せず、夜な夜な銀座に出現してバーからバーへと飲み歩き、華麗な女性遍歴を繰り広げていた頃、若き日の談志と遭遇。田辺氏に、その生意気な鼻をへし折られ、以後、談志はかばん持ちとなり、「社交界」にデビューする格好で各界著名人と親交を持つに至る。談志のグレードをアップデートさせた張本人ともいうべき粋人。談志は彼に心酔し、『粋人・田辺茂一伝』という著書を書くまでに至る。

1964（昭和39）年には、紀伊國屋ビルに演劇ホール（紀伊國屋ホール）を設け、1966（昭和41）年には紀伊國屋演劇賞を創設するなど、文化事業に力を注いだ。

「若いうちは、晴れと雨しかないと思ってる」「囃（はや）されたら踊れ」などの談志の名言は、田辺氏から受け継いだ言葉。

田能久【たのきゅう】

落語の演目。阿波（あわ）の国、徳島の在・田能村の農民・久兵衛。芝居が好きで上手なので、とうとう趣味が高じて村芝居の人気者が「田能久一座」を結成、本業そっちのけであちこちを興行して歩いている。

山奥でウワバミが化けた老人と出会い、老人は田能久を「たぬき」と間違えて助けてしまい、お互い怖いものを言い合う。老人は「タバコのヤニと柿渋が怖い」といい、田能久は「お金」と答える。山から降りた、たのきゅうさん、みんなにこれを喋ってヤニと柿渋をウワバミの穴にぶちまけて、ほうほうの体で逃げていく。家に帰ったその晩、血だらけの老人が現れる。「俺はもうだめだ。お前も同じ目に遭わせてやる」と言い去っていくと、ドカーンと言う大音響。恐る恐る戸を開けてみたら山ほど千両箱が積まれていた。

ここからが談志のオリジナルのオチで、「この金を元手につくったのがいまの歌舞伎座でございます」。そして、なんとか助かった老人が山奥に引っ込んでボソっと言った。「人間はたぬきだ」。

タバコ【たばこ】

入門したばかりの頃は愛煙家だった談志だが、吸い慣れているとはとても思えないような、ある意味ぎこちない、半分見栄のような吸い方だった。1日にマイルドセブン数本程度か。

「人間、文明が常識を作り、非常識を規制し、幻覚を制御し、この世界を安定させたのだが、どこか心の底にその幻覚に対する習慣が残っている。そんなかつての意識を取り戻そうとする名残りとして酒やタバコがあるのではないか」と言っていた。

前座時代はタバコは師匠の前ではご法度だったが、筆者は当事隠れて吸っていたものだった。ある日師匠がくわえたタバコに火をつけようとして、ポケットの中のライターを取り出したのだが、勢いあまってタバコまで飛び出した。「このやろう、隠れて吸ってやがら」と笑われたものだった。

田端義夫【たばた・よしお】

1919(大正8)年1月1日～2013(平成25)年4月25日。歌手。本名は田畑義夫(読み同じ)。

第二次世界大戦前から平成半ばまで現役歌手として活躍した。愛称はバタヤン。水平に構えて持つ、アメリカのナショナル・ギター社製エレキギターと、威勢のよい挨拶「オース!」がトレードマークであった。ソウル・フラワー・ユニオンなど世代を超えたバンドとコラボするなど、90歳を超えてまでも活動を続けていた。談志の愛した歌手の一人で、よく自身の会のゲストなどに呼び、「かえり船」をとりわけ好んでいた。『談志絶唱 昭和の歌謡曲』(大和書房)という本を出版するほど、昭和歌謡を愛した談志だった。

田村隆一【たむら・りゅういち】

1923(大正12)年3月18日～1998(平成10)年8月26日。詩人、随筆家、翻訳家。雑誌『荒地(あれち)』を創刊し、その中心的なメンバーとして活躍。吉本隆明は「日本でプロフェッショナルだといえる詩人が3人いる。それは田村隆一、谷川俊太郎、吉増剛造だ」と評している。

談志は自らが編集長を務めていた隔月誌『えじゃないか』のインタビューで田村邸を訪れた。その際、筆者も同行させていただいたが、田村氏の文明批評家としての存在に傾倒し、「日本共産党は観光資源だ」という発言に、ときめいていた。

タレ【たれ】

芸人用語で女性または女性器のこと。「タレをかく」とはSEXをするという。使用例「セコタレばかりカイてちゃダメだよ」。ちなみに男性および男性器は「ロセン」と呼ぶ。「ロセンがオヤカる」とは勃起するということ。「オヤカる、オヤカす」は「増長する、増長させる、囃し立てる」ということ。

ダレ場【だれば】

落語用語。「噺を進めてゆくにあたっての構成上必要なところだけれども、ギャグなども少なく、面白くない場面」のこと。しかし「ダレ場は重要」で、言い切ってしまえば「道灌（どうかん）」などの前座噺は、全編がダレ場であるともいえる。講談における「修羅場」に相当するともいえよう。

「受けない前座噺を受けさせるように工夫して喋るからこその修行なんだよ」とは、とある先輩に言われた言葉。

団鬼六【だん・おにろく】

1931（昭和6）年4月16日（戸籍上は9月1日）～2011（平成23）年5月6日。官能小説家・脚本家・演出家・エッセイスト・映画プロデューサー。無類の将棋と相撲好き。談志とも懇意でよく横浜の自宅に遊びに行っていた。「お前ら、カツ丼食べさせてもらえ」などと、筆者も前座時代にご厄介になったものだった。小説の作風とは真逆で、優しくて、とても穏やかなお方だった。

ダンカン【だんかん】

1959（昭和34）年1月3日～。元落語家、放送作家、役者、タレント。本名は飯塚実（いいづか・みのる）。元談志門下で「立川談かん」と名乗っていた。立川流→たけし軍団という「天才2人」の遺伝子を受け継ぎ、マルチな才能を多方面に発揮する。

志の輔師匠の兄弟子に当たり、談志の弟子としての在籍期間は短いながらも、落語協会離脱から立川流創立という激動の時期を体験。筆者も個人的に親しくさせていただいていて、一度サシで飲んだとき、「談志師匠のところにいたことが、たけしさんのところにきてほんと役立った」と、涙ながらに述懐していたものだった。「この人にも談志イズムが流れているなあ」と実感した。実際、たけし軍団の新弟子教育係を長年にわたってつとめた。

談志アンドロイド【だんしあんどろいど】

2018年10月20日放送のNHKBSプレミアム「スーパープレミアム　天国からのお客さま」という番組内で、大阪大学のロボット工学者・石黒浩教授の協力のもと、精巧なアンドロイドとして蘇った談志だった。爆笑問題の太田光さんは「死んでも怖かった」といい、志らく兄さんも感極まったとのことだった。開発費は莫大なものだったと伝え聞く。

本書をインプットすれば、さらなる新しいアンドロイドができるかも。あ、でも、迷惑か……。

談志・円鏡歌謡合戦

【だんし・えんきょうかようがっせん】

昭和40年代半ば、かつてニッポン放送でやっていたラジオ番組。アナーキーな2人が言い合い、掛け合う絶妙なトークショーだった。後年、伊集院光氏もこの番組の素晴らしさを主張していた。

オープニングの小噺で、「隣の空き地に原子力潜水艦が上がって来たってね……正座して待ってよう」といった世界観こそ談志は「これぞ言葉のイリュージョン」と言い切っていた。「近江八景に対抗して東北八景は?」「由利徹の実家」などなど、談志の後年に続く姿勢の片鱗（へんりん）が垣間見える。円鏡（現・橘家圓蔵）師匠は実際、円形脱毛を患い、担当ディレクターも、入院するほどのストレスを抱えていたと聞く。

談志が生き返ってこないようにお願いして

【だんしがいきかえってこないようにおねがいして】

「立川談志お別れパーティー」席上での毒蝮三太夫さんによる締めの言葉。談志が、その切り返しのセンスに全幅の信頼を置いていたマムシさんならではの愛情あふれる言葉。

「お前はもう充分に生き抜いた！　よくやった！」と、まさに親友ならではの「ザッツ・ア・プレンティー」というねぎらいにしか聞こえなかった。ちなみに一門の真打ち昇進披露パーティーの締めは毎度、マムシさんがつとめている。あの世で談志は「しょうがねえなあ」と笑っていることだろう。これぞ芸人のお別れなのだ。

談志が死んだ【だんしがしんだ】

新潮社から出版された兄弟子・談四楼師匠の著書。談志の死の前後を、長年慕い続けた高弟目線でしたためたドキュメンタリー小説。亡くなった直後のドタバタ、そして、何より迫り来る老いと向き合う談志との積年の愛の上に展開する相克が、心を揺さぶる。

この本を読んでしみじみ感じたのが、いま筆者を含めて、弟子たちが平気で談志関連本を出せるような下地を作ってくれたのは談四楼師匠のおかげであるということ。半面、談春兄さんといい、生前、談志本を出した人に対しては“覚悟”しか感じない。

談志という作品【だんしというさくひん】

今回、本書を執筆して改めて気づいたことは、「立川談志は、いたって普通の人だった」という、まぎれもない事実だった。普通に親思いで、普通に愛妻家で、普通に子煩悩な人だったなあ……と。

弟子は、どうしても談志という個人を見るのではなく、その間に芸を介在させて見つめ続けるものだから、なかなか談志の人物像がわかりにくかったが、談志はいたって真っ当な感受性の持ち主だったのだ。

何がいいたいのかというと、「立川談志というのは虚像で、実は作品だった」ということだ。日本中を熱狂させたあのキャラクターも含めて、全部作品だったのだ。談志にまつわる数百ものアイテムをつぶさに分析し続けて、筆者はやっと気がついた。

談志役場【だんしやくば】

2000年12月31日から亡くなるまでの間、談志が所属していた個人事務所。長男の松岡慎太郎氏が社長を務める。落語協会を脱退してから2000年12月31日までは、実弟の松岡由雄氏が社長の立川企画に所属していた。ほんとは、オフィス名を「村役場」にしたかったらしいが、認可が下りなかったとのこと。

地球温暖化【ちきゅうおんだんか】

「寒いより、暖かいほうがいいんじゃないか」と、談志はよく言っていた。落語に通底するのが「飢えと寒さ」で、寒さを共感でしのぐ下地が落語を生むバックボーンになっていたのだろう。無論、学術的に言えばこれは大きな間違いなのかもしれないが、そういうアカデミックなことよりも、皮膚感覚を重んじる姿勢が、「落語リアリティ」の体現につながるのではと思う。落語家は学者ではない。「地球温暖化なんて、テレビで時間をつないでいる現象」とも本に書いていた。正誤を超えた感性だ。

貯金箱みてえだ【ちょきんばこみてえだ】

若くて威勢のいい頃の談志は、大阪でヤクザに絡まれ、日本刀で頭部を傷つけられたことがあった。即、救急車で運ばれ、入院することになったが、翌日見舞いにきた毒蝮三太夫さんが師匠の傷口を見て、こう言い放った（ポケットから出した100円玉を入れようとしたという）。そんな状況すら笑い話にしてしまうマムシさんのすごさと、それを面白がる談志のおおらかさか。あまりにも素晴らしすぎる言葉だ。

ち

チョコレート【ちょこれーと】

「世の中で一番うまいのはチョコレート」と、よく言っていた。

月亭可朝【つきてい・かちょう】

1938（昭和13）年3月10日～2018（平成30）年3月28日。落語家、漫談家として初代月亭可朝を名乗り、お茶の間で大人気。本名は鈴木傑（すずき・まさる）。

コミックソング「嘆きのボイン」で一世を風靡。談志は「かちょやん」と親しみを込めて呼び、その個性あふれるキャラクターを愛し続けて、古くから贔屓にしていた。傑作だったのが1971（昭和46）年、参院選に立候補した談志を応援にかけつける予定だったのだが、当日になってなんと自ら立候補を宣言してしまい、談志を呆れさせたことだった。無類の博打好きで、常習賭博容疑で逮捕され、マスコミから干されたときでも、談志はずっと庇い続けた。

都合のいい男（女）と付き合え【つごうのいいおとこ（おんな）とつきあえ】

談志曰く、男にとっていい女とは「都合のいい女」であり、女にとっていい男とは「都合のいい男」とのこと。もしかしたら、「都合がいい」ということは、相手の状況に合わせられるという意味で、コミュニケーション能力の高さを指すのかもしれない。

都合というものは、とても大切なものだ。テレビで売れている芸人やタレントさんたちがその地位にいるのは、使う側の立場の人からみて都合がいいからだけなのだろう。世の中、大切なのは才能よりも都合！

つつがなく【つつがなく】

病気や怪我などなく順調に進んでいる様。談志は家族を持った弟子たちが「つつがなく親子4人、生活しています」と言ってくるのを、とても好んでいた。「非常識を肯定するのが芸人」などと標榜していたが、実際はものすごい常識人だったのだ。いや、常識を完全にまっとうするような常識人だからこそ、非常識を訴えることができたのだろう。

定義【ていぎ】

定義付けがとても好きな人だった。自らが司会をつとめていたテレビ番組では大喜利のようにして、「◯◯の定義」などとやっていた。「愛情とは相互のエゴイズムのバランス」、「結婚とは長期売春契約」、「新聞で正しいのは日付だけ」などなど。「怖いものとは?」という定義に、解答者だった松尾貴史さんが「怖いもの知らず」と答えて、「お、いいね!」と相好を崩していたっけ。

筆者が真打ちになりたての頃、銀座の美弥で夏の一門の集いが催され、談志が座の中心に座っていた。筆者が談春兄さんにいじられ、「お前の知識は断片的だなあ」と言われたのだが、すかさず談志は「いや待てよ、談春。知識ってえなあもともと、断片的なものだ」と定義し、この定義の応酬のような会話をとても楽しんでいた。知的ゲームの一つで、早くそんな会話をしたいものだと思っているうちに、天へと召されてしまった。これ、ほんとハマれば楽しいゲームになります。

ディキシーランド・ジャズ

【でぃきしーらんど・じゃず】

「ニューオーリンズ・ジャズ」と呼ばれる場合もあり、20世紀初頭にアメリカ・ニューオーリンズで発達したジャズのスタイル。ニューオーリンズのバンドが1910年代にシカゴやニューヨークに移動して広まった。談志が特に愛していて、薗田憲一とデキシーキングスというバンドを特に贔屓にし、真打ち昇進披露パーティーでは必ず呼んだものだった。このバンドの奏でる「花嫁人形」「里の秋」を聞いて涙を流す談志を、幾度か見た。

出来損ないのカレー、食うか?

【できそこないのかれー、くうか?】

料理好きの談志は、基本的に冷蔵庫にあるものを処理することを目的に、よく料理を作っていた。修行とはある意味“怒られること”だったが、練馬の家で怒られ続けていた頃、こんな言葉をかけてもらえて、救われたものだった。冷蔵庫に余っていたチョコレートなど、適当にあり合わせを放り込んだカレーなのに、これがほんと美味かった。「美味いカレーだぞ」と言わないところに、江戸っ子的な照れを感じる。実に談志らしいセリフ。

弟子【でし】

志の輔・談春・志らく・談笑など、天才型の優秀な弟子ばかりではなく、筆者みたいな前座突破に長期間を要する弟子までも見捨てずにいたという意味では、談志はかなりの忍耐力の持ち主だったとも言えよう。

「お前がどんなに嫌な奴だったとしても、俺の基準さえクリアすれば、俺は年数に関係なく昇進させる」とまで言い切っていた。自分の設定した昇進基準に自分をも縛るような覚悟を持っていたのだと思う。そういう意味では、弟子には公平に接してくれる人だった。

「あいつは何やらしてもダメだ」というレッテルは確かに貼られたが、「そんなダメだったあいつが、ここまで到達したのか」というギャップで、二つ目から真打ちまでの期間は案外短い期間で突破できた筆者だった。特筆すべきは、弟子を三人称で呼ぶとき、「あいつら」というような言い方はしなかった。あくまでも「彼ら」と呼び、決して人格否定的な扱いをしなかった。あくまで、ジェントルマンだったのだ。

弟子を勝手に使うな【でしをかってにつかうな】

筆者が一番最初にときめいた談志の言葉。1991(平成3)年4月に入門した筆者だったが当時は入門希望者が多く「全員の面倒は見切れない」という理由で、何人かの新弟子は事務所に預けられていた。そんな折、事務所に届いた談志宛ての荷物を預かって、鵜の木の生家にいた談志に届けに向かったことがあった。筆者の姿を見るや否や「事務所から交通費もらったのか?」と聞かれたのだが、もらってない旨を伝えたとき、やや怒り気味の口調で事務所に電話し、この言葉を吐いた。「お前の弟子じゃない。俺の弟子だ」と、さらに続く。この一言で「この人は信じていい人だな」と思った瞬間でもあった。

鉄拐【てっかい】

落語の演目。舞台は上海。そこで廻船問屋を営む「上海屋」は、毎年、創立記念日になると知人や取引先を集めて、どんちゃん騒ぎをやっていた。中でも注目されていたのが余興で、主人は「番頭さん、今年は他では見られない余興をやりたいものだ。探しておいておくれ」と、番頭に申しつける。

困ったのが番頭。珍しい芸人など、そう簡単に見つかるものではない。記念日が迫る中、番頭は芸人を探して歩く途中、山道に迷ってしまった。そこで出会ったのが、見るからに小汚い格好をした仙人の鉄拐。口から自分の分身を出す「一身分体」の術の持ち主。「これはすごい!」と早速、余興に使うことにしたところ、近隣諸国からも、お客が大挙して押しかけるほどの大人気。

鉄拐は人気を鼻にかけ、すっかり増長してしまった。マネジメントしていた興行師も黙っていられない。「彼の向こうを張るような秘術の持ち主を」と、探し出したのが、やはり仙人の張果老(ちょうかろう)。「瓢箪(ひょうたん)から馬（駒）を出す」という術を持っている。傲慢ぶりが目立つ鉄拐に代わって大人気を博すようになっていった。

困った鉄拐は、張の瓢箪の馬を自分の腹の中へ入れてしまった。そして自分の分身がまたがった馬を口から出そうとしたが不成功。「こうなりゃ、いっそ」と腹の中へ客を入れて見学させることにしたら、これがまた大当たり。ところがある日、腹の中で酔っぱらった客が騒動を起こし始めた。吐き出して顔を見たら、これが酒豪で名高い李白(りはく)と陶淵明(とうえんめい)だった。

談志の十八番(おはこ)で、ここで描かれている世界観こそ「落語リアリズム」であり、それを理解した瞬間に発生する「イリュージョン」ではないかと思う。以前、晩年の名古屋で乗りに乗ってやったところ、「落語の奥義を覚えた」とまで言っていた。「談志に無断で鉄拐が動き出した事実を自覚した」とも。

手塚治虫【てづか・おさむ】

1928年（昭和3年）11月3日～1989（平成元）年2月9日。漫画家、アニメーター、アニメーション監督、立川流顧問。本名は手塚治（読み同じ）。戦後日本においてストーリー漫画の第一人者として、漫画の草分け的存在として活躍した。漫画家のアシスタントシステムを考えたのもこの人だといわれている。

談志曰く「質と量とを伴ってこそ天才。その定義では、俺の中で天才とは手塚治虫先生と、レオナルド・ダ・ヴィンチだけだ」とも言い切っていた。手塚作品の中で談志が一番好きだったのが、『雨ふり小僧』とのこと。「国会議員を辞めるきっかけになったのは手塚先生の一言だった」と、ずっと言っていた。練馬の自宅書斎には手塚治虫作品がほぼ全作品並んでいた。

出囃子【でばやし】

落語家個々人が違う出囃子を持って入場する。いわば落語家のテーマソング。談志が二つ目のときに柳家小ゑんを名乗っていた頃は、童謡の「あの町この町」だった。談志は野口雨情の詩、中山晋平の曲であるこの歌が大好きだった。真打ちになってからは普段は「木賊刈（とくさかり）」で、トリが「中の舞」だった。

筆者は学生時代、談志の追っかけだった頃、この「木賊刈」がかかると同時に、会場全体、「談志が来るぞ」というような張り詰めた雰囲気に一気に変わるのが、とても好きだった。8代目桂文治亡き後、談志はこの出囃子を継いだとのこと。

デマ【でま】

談志の死去は、家族と最後の弟子である談吉以外、一切知らされることはなかった。筆者はその翌々日、NHKの大相撲中継のテロップと、一門からの連絡網で知った。知り合いのマスコミ関係者から、頻繁に電話やらメールやらが届いたが、ずっと「デマだ」と言い張ったのは、親族による見事な情報管理があったからだった。ネットではそんな私の態度から「情弱」などとレッテルが貼られたが、意に介さなかった。

遺体を見てピリオドを打つような別れを経てないので、いまだに談志の夢を見ることがある。「談志は生きている」と心の中で思い続けている。あれでよかったのだと確信するのみである。

テレホンカード【てれほんかーど】

談志のモットーは、「何事も安く、できればタダ」だった。もう時効だから話せるが、筆者は前座時代、イラン人から買った偽造テレカを使っていたことがあった。たまたま談志と一緒に動いているとき、そのカードを渡してしまい、「なんだこれ?」と言われ、(やばい!　怒られるかな)とも思ったが、正直に事情を話すと、「ほう、いいなあ、これ。じゃあお前、買ってきてくれねえか?」と、かえって気に入られてしまい、あの当時大勢いた渋谷のイラン人のところにこっそり買いに行ったものだった。

そのうち公衆電話も精度を増し、ああいった類のものは一切受け付けなくなったのだが、真打ちになってから何年も経った頃に、「あのテレホンカードがあったら、お前の友達のイラン人から、また買ってきてくれ」と、留守番電話が入っていたこともある。よほど気に入っていたんだろう。

照れ屋【てれや】

談志を評する言葉で正確なのは、この言葉につきるように思う。依頼された仕事は全部受ける筆者は以前、某夕刊紙から依頼を受け「初体験の思い出」を語ったことがあった。担当の女性ライターさんは、うちの師匠にも依頼したそうだが、「勘弁してくれ」と断られたと言っていた。いい芸人はおしなべてみんな照れ屋だ。たけしさんに気に入られてブレークした同郷の友人、ザ・コンボイのジュリこと瀬下尚人さんも「たけしさんはとても照れ屋だった」と語っていた。

照れ屋は感受性の強さでもある。田舎者とは真逆の感性を指す。人一倍センシティブだからこそ、高座や舞台では、照れ隠しのために大胆不敵になれるのが、一流の芸人というものなのかもしれない。無論、照れ屋だから一流になれるというわけではないが、芸人を構成する大切な要素であることに変わりはないものと信じている。「芝浜」という人情噺も、照れ屋の談志が照れずにやり抜いたからこそ、大衆は感動したのかもしれない。

天災【てんさい】

落語の演目。乱暴者の八五郎が隠居に諭され、心学者の紅羅坊奈丸の元で「心学のいろはを学んで来い」と命令されて出かけてゆく。当初は威勢のよかった八五郎だったが、次第に紅羅坊の主張に染まり、「なんでも天災だと思ってあきらめりゃいいんだな」と半分曲解して、家に戻ってゆく。すると、長屋の熊公の家に元嫁が怒鳴り込んできて大げんかしたとのことで、覚えたばかりのデタラメの心学の知恵を振り回しに行くのだが、まるで噛み合わない。最後は「天災だと思ってあきらめろ」「いや、俺のところじゃ先妻でもめてんだ」。

話の主導権を紅羅坊が握っているところを、談志はとても嫌がっていた。そこで教わるほうの八公に反撃させ、新たな座標軸を展開させる噺に仕立て直した。目線を置き換えるだけで、噺がガラリと変わるということの見本である。目から鱗(うろこ)の「天災」を何度か観て、スジもオチもわかりきっているのに、筆者も大笑いしたものだった。

天使【てんし】

則子夫人（ノンくんという愛称で談志は呼んでいた）を称して、そう言っていた。臆面もなくのろけるほどの愛妻家だったのだ。ちなみに「仙人は?」というと、則子夫人の父親がそんな風情だったとも言っていた。仙人から天使へという系譜だったのだ。

余談だが、則子夫人のお姉様のお孫さんと、筆者の次男坊は中学時代、同じクラスだった。そんな則子夫人のお姉様も、やはり妹に似ていて、穏やかなたたずまいだった。川越に住んでいた時分に、たいそうご厄介になったものだった。

天皇陛下に騙された
【てんのうへいかにだまされた】

「死刑執行大賛成」などを主張し、石原慎太郎氏とも生涯にわたって仲良くするなど、極右的な思考を持っていた談志だったが、自身が体験したあの大戦から、「俺たちは天皇陛下に騙されたんだ」と生涯言い続けていた。「焼夷弾(しょういだん)が飛んでた時代に比べたら、カネが飛び交うなんて平和じゃねえか」とも言っていた。いま、この世をあの世から談志が見つめていたら、なんと言ってくるだろうか……。

てんや【てんや】

談志が晩年結構ハマっていた天丼のチェーン店。「500円そこそこでな、うまい天丼食わせるんだ」と、無邪気に言っていたものだった。ほんと、コストパフォーマンスを何より大切にしていた人だった。しばらくして筆者の長野独演会のゲストに招いたとき「最近、てんやには行ってますか?」と尋ねると「あれなあ、やっぱり胸焼けするわなあ」。短期間のマイブームだったとことが判明した。

電話【でんわ】

「大概どんな要件も10円分ですませる」と豪語していた談志からの電話は、いきなり要件から入るものだった。さながら「身代金の請求」のようだった。それに対応するのが前座の役目だったので、かなり影響を受けてしまい、筆者はカミさんから「あなたと話していると、なんだか急(せ)かされているような気分になる」などとよく言われている。

いまだに談志から電話をもらう夢をよく見る。「すみません、もう一度お願いします」とは雰囲気的に絶対言えなかったので、「とりあえず全部聴き終えて、後で類推しよう」といった対応をしたため、何度もしくじってきた。そのことが、記憶の中で堆積物になっているからだろう。

て

道灌【どうかん】

落語の演目。八五郎がご隠居のところに来て、掛け軸について尋ねる。それは太田道灌の絵だった。道灌が雨具を借りようとあばら家に立ち寄ると少女が出てきて、「お恥ずかしゅうございます」と、山吹の枝を盆に載せて差し出した。家来が言うには「『七重八重 花は咲けども 山吹の 実のひとつだになきぞ悲しき』という古歌で、『実の』と『蓑(みの)』をかけ、『雨具はございません』という断りの意味でございましょう」とのこと。道灌は「ああ、余はまだ歌道(かどう)に暗いのう」と嘆き、それ以来和歌に精進して歌人としても有名になった。

それを聞いた八五郎は「うちにもよく傘を借りに来る男がいる。その歌で追っ払ってやろう」と思いつく。帰宅後雨が降り出すと男がやってきて「傘ではなく提灯(ちょうちん)を貸してほしい」と八五郎に頼む。「傘貸してくれって言わなきゃ提灯貸さない」と突っ張る八公に、男がしかたなく「雨具を貸してくれ」と言うと、八五郎は「お恥ずかしゅうございます」と言いつつ紙を渡す。すると男は「ナナヘヤヘ、ハナハサケドモ、ヤマブシノ、ミソヒトダルト、ナベトカマシキ」とつかえながら読み、「都々逸か」と聞く。

八五郎が「都々逸?　おめえ、よっぽど歌道が暗(くれ)ェなァ」「ああ、カド(=角)が暗ェから、提灯借りに来た」……。

典型的な前座噺の一つ。立川流では誰もがこの落語を一発目に覚えて落語家人生のスタートを切る。談志のテープを擦り切れるほどベースにして、繰り返して覚えたものだったが、上演許可が下りるまで3か月以上かかってしまったっけ。落語のエキスが全部詰まった噺である。

東京高等学校【とうきょうこうとうがっこう】

東京都大田区鵜の木にある私立高校。かつては男子校だった。談志は1年時のみ通い、中退して小さん師匠の門下へ入門した。1学年上に漫談家の牧伸二さんがいる。後輩には陸上競技選手のケンブリッジ飛鳥も。

前座時代、師匠が母校で講演するということで、筆者もお供した。すれ違う高校生が「あ、談志じゃん」と言ってきたので、「君らの母校の大先輩だぞ!」と言ったら、「おー!」「マジ!?」と半分パニックになり、ものすごい勢いで師匠を取り囲み始めた。師匠も一瞬気圧(けお)されてビビッていたので、「やばい、完全にしくじった」と思ったら、「しょうがねえなあ」……。若い人たちとの触れ合いは満更でもなかったと見えて、怒られずにすんだ。

東京都江戸東京博物館【とうきょうとえどとうきょうはくぶつかん】

東京都墨田区横網にある東京都立の博物館。指定管理者制度により、公益財団法人東京都歴史文化財団が運営。1993(平成5)年3月28日オープン。筆者もオープン前に特別に許可をもらい、談志とともに見学させていただいた。実寸大に復元された日本橋などを見て、子供のようにはしゃぐ談志だったが、係員から「こちら空襲関連コーナーになります」と言われた途端に、「あー、勘弁してくれ」と、突如泣き始めた。少年時代に体験したあの筆舌に尽くし難い惨劇を思い出してしまったようだった。試写会で感動しての涙は何度か見たが、悲しみや辛さから来る涙は初めてのことだった。辛かったんだろうなあ……。

糖尿病【とうにょうびょう】

血糖値が病的に高い状態を指す病名。膵臓(すいぞう)から分泌されるインスリンが十分に働かないために、血液中を流れるブドウ糖という糖(血糖)が増えてしまうことで引き起こされる。談志を悩ませた病気で、晩年はインスリン注射をしていた。いまや成人の6人に1人が罹患している国民病とも言われている。この病気が怖いのは、医者曰くあらゆる病気の引き金になりやすいとのこと。食生活と運動で予防するしかないので、無理にでも筋トレを教えてあげればよかったなあと、後悔する筆者である。

徳川びいき【とくがわびいき】

常日頃から「江戸から明治に変わるいわゆる御一新のときに、幕府側につくか、薩長土肥側につくか、そこが江戸っ子の分かれ目」と、談志は定義していた。落語という、世界に誇るべき最高の文化は徳川家康が切り開き、充実させた江戸で生まれたと、そのことを恩義に感じ続けていた、実に談志らしい発想だった。

晩年に唱えていた「江戸の風」とは、江戸の郷土芸能たる落語の本質を見抜いた言葉で、しかも未来の落語像という予言でもあったように思う。無論、イリュージョンとも共存し得る考え方だった。徳川三百年という泰平こそが落語の源だったのだ。

徳田球一【とくだ・きゅういち】

1894（明治27）年9月12日～1953（昭和28）年10月14日。政治家、弁護士。戦後、衆議院議員を3期つとめる。戦前、日本共産党が非合法とされた時代から戦後に至るまで、同党の主柱となった革命活動家。「徳球」の愛称で一般市民の人気を集め、戦後の初代書記長に就任。意外にも「俺は実は共産党が好きだった」と語っていた談志は、特に徳田球一を評価していた。徳田は吉田茂、石橋湛山という、2人の総理大臣経験者からも愛されるキャラだったという。清濁併せ呑（の）む人柄だったのだろう。

毒蝮三太夫【どくまむし・さんだゆう】

1936（昭和11）年3月31日～。俳優、タレント、ラジオパーソナリティ。聖徳大学短期大学部客員教授。本名は石井伊吉（いしい・いよし）。愛称は「まむちゃん」だが、ラジオなどのファンからは「まむしさん」と呼ばれることも多い。

中学1年生のとき、ラジオドラマ「鐘の鳴る丘」の舞台オーディションに合格。戦災孤児役で子役デビューを果たす。成年になって後はテレビ番組「ウルトラマン」のアラシ隊員、「ウルトラセブン」のフルハシ隊員役で大人気を博す。

談志とは、若い時分からともに芸能界を生き抜いたという意味で「戦友」。「毒蝮三太夫」という名前は談志のネーミングによるもの。その後、「笑点」の座布団運びでさらに全国的な知名度を上げ、また、TBSラジオ「毒蝮三太夫のミュージックプレゼント」では「ジジイ、ババア」などの毒舌キャラを決定づけた。それもあって、同番組は長寿番組となる。筆者も前座の頃からご厄介になっている。と

ても面倒見のいいお方で、いつまでもお元気でいていただきたいものだ。

戸塚宏【とつか・ひろし】

1940（昭和15）年9月6日～。教育家。

全寮制のフリースクール「戸塚ヨットスクール」の校長として、不登校の子供を集めて教育訓練を施す。だが1979年に「体罰が原因」とされた塾生5人の死亡事故を引き起こし、傷害致死罪、監禁致死罪で起訴される。長期裁判の結果、最高裁で懲役6年の刑が確定。2006年に満期出所。自身は1975年、「沖縄海洋博記念太平洋～沖縄単独横断レース」で優勝したほどのヨットマン。「その精神は教育に寄与する」という賛同者も多く、1987年には、石原慎太郎などを中心に「戸塚ヨットスクールを支援する会」も発足した。

談志は一時期、戸塚を支援してきた。筆者は立川流Cコース時代、師匠に誘われて落語会の打ち上げに参加させていただき、銀座の美弥にて戸塚氏の前に座らせていただいたことがある。ごくごく普通のマッチョなお方という雰囲気しかなかった。マスコミの作り上げたイメージは怖いものだなあと、俯瞰（ふかん）しながら思ったものだった。

トライアル落語会【とらいあるらくごかい】

「真打ち昇進のための公開落語会」のこと。談幸師匠のときから始まったとされる。筆者が前座の頃は、志らく兄さん、談春兄さんと、立て続けにこの形式に則（のっと）って真打ち昇進を決めたのを鮮明に覚えている。

談志をゲストに招き、落語、そして課題である歌舞音曲を観客の前で披露し、最後に判定を談志に仰ぐ。うまくいけば合格なのだが、下手を打つと公開処刑にもなってしまう。概（おおむ）ね年数で昇進が決まる他団体と一線を画す、立川流ならではの儀式ともいえた。筆者は長きにわたった前座との決別の意味を込めて、無謀にも二つ目昇進をこのパターンで決めようとして、公開処刑となった。結果として万座の客の前で、談志を追い込んでしまったのだ。「客の拍手の力で二つ目になるものではない！」と、完全にしくじったという苦い思い出がある。

ドリアン【どりあん】

果物。東南アジアのマレー半島が原産地。強い甘味を持ち、栄養豊富（特にビタミンB1を多く含有）なため、国王が精力増強に食していた。ゆえに「王様の果実」と呼ばれていたが、今日では「果物の王様」と呼ばれている。

談志が格別に好み、東南アジア方面に旅行に行くと、よく買ってきたものだった。匂いが非常にキツイのが特徴だが、こだわりが特に強かったようで、新宿の果物屋・百果園で一番高いのを買って持って行ったときは、「これじゃねえんだよなあ」と言われ、しくじったことがあったっけ。くさやといいドリアンといい、匂いの強いものが好きだったのかも。

努力は馬鹿に与えた夢

【どりょくはばかにあたえたゆめ】

無闇に「努力」という言葉を用いると、必ずこの言葉で突っ返されてしまったものだった。努力という言葉も限りなく「思考ストップ」に近い意味を持つと、談志は唾棄していたのだろう。

「努力をしている云々言う前に、まずは結果で示してみろ。世間はそんな形だけの努力だけで評価というものを与えるだろうし、また与えてくれるだろうとも思っているものだ。俺のところはそんなに甘いものではない。悔しかったら結果を出してみよ」というセリフが後に続いたに違いない。

むしろ求めるのは努力よりセンスだったのだろう。とは言いつつも、パラドックスのようだが、信じられないような努力家だったのが、かくいう談志だった。

泥棒代【どろぼうだい】

前座時代に、師匠に同行して長野は飯田での独演会にお伴したとき、練馬の自宅に泥棒が入った（師匠と一緒だったため、筆者のアリバイは早々に証明された）。

もともと金目のものは置いてなかったので、被害は大したことはなかったが、それがきっかけとなったのか、その後、書斎の机の上には、泥棒へのご苦労賃として、現金3万円を封筒に入れ、ガムテープで貼っておくようになった。要するに「3万円やるからその代わりこっちにあるのはとても貴重。お願いだから手を出さないでくれ」という、取り引きみたいな感じだった。

とんだ浦島太郎だ！

【とんだうらしまたろうだ！】

談志が子供時代に、近所のおじさんに言い放った言葉。悪ガキたちと亀をいじめていた談志だったが、近所のおじさんに「亀をいじめるんじゃない！」と咎（とが）められたときに、このセリフを吐いた。三つ子の魂百まで……。「栴檀（せんだん）は双葉より芳し、蛇は寸にしてその気を表す」、まさに落語「子ほめ」のマクラのような幼少期を送っていたのだ。

長尾みのる【ながお・みのる】

1929（昭和4）年6月4日～2016（平成28）年10月6日。本名は長尾実（読み同じ）。イラストレーター、装丁家。談志が二つ目の小ゑん時代に同じアパートに住んでいたご縁で、夫婦共々懇意にしていた。談志の著書『現代落語論』のカバーと装画を担当。筆者の大学時代の友人のご主人の叔父に当たる方。ご縁があります。著書『おじいちゃんの絵ツィート』には談志との交流が微笑ましく描かれている。

中川三郎【なかがわ・さぶろう】

1916（大正5）年3月9日～2003（平成15）年10月24日。舞踏家。談志のタップの師匠でもある。「社交ダンスの父」と呼ばれ、社交ダンスの大衆化に貢献したほか、日本のモダンダンス、タップダンスの分野の先駆者でもある。「擬装の麗人」と異名をとり、日本のダンス界に大センセーションを巻き起こした。女優でタップダンサーの中川弘子は長女。

日本人初のタップダンサーとしてブロードウェイミュージカルに参加、大成功させる。談志の「太鼓なんかタップに比べたら楽なもんだ」「俺はタップは挫折した」という談志の発言から、筆者は「タップをマスターすれば評価される」と短絡的に解釈し、前座中盤からタップに明け暮れた時期があった。結局、挫折したが、そういうことはその対象にセンシティブな印象を持たせるもので、傍若無人な筆者は、そんな鈍臭さゆえに、前座が長引くことになってしまったのだ。

長嶋茂雄【ながしま・しげお】

1936（昭和11）年2月20日～。日本中で知らない人のいないプロ野球界の大スター。長年、読売巨人軍の監督をつとめ、現在は同球団の終身名誉監督。「ミスタージャイアンツ」「ミスタープロ野球」「ミスター」「チョーさん」という愛称で親しまれ、「燃える男」と形容される。独特の“直感的な”言動で、ライバルチームのファンからさえも人気を集める。

談志は同い年ということもあり、シンパシーを感じ、自身の番組などに招いたりしていた。「セカンドゴロまで取ったことがある」など、信じられない逸話には限りがない。談志が「千葉はミスターとか、掛布とか篠塚とか名選手が多いのはなぜ?」と尋ねると、「東京に近いからでしょう」と答えたという。

中田ダイマル・ラケット

【なかただいまる・らけっと】

談志が大絶賛していた、上方を代表する兄弟漫才コンビ。「ダイラケ」の愛称で親しまれ、「爆笑王」の異名をとった。

中田ダイマルが兄で、ラケットが弟。ダイマルは1982年、ラケットは1997年逝去。ラケットは生来口が重く、苦し紛れにダイマルが考え出したのがアクション漫才だったという。また、「君」と「僕」で呼び合うスタイルは、当時としては斬新だった。

中村勘三郎【なかむら・かんざぶろう】

18代目。1955（昭和30）年5月30日～2012（平成24）年12月5日。歌舞伎役者、俳優。屋号は中村屋。本名は波野哲明（なみの・のりあき）。舞踏名は藤間勘暢（ふじまかんちょう）、猿若勘三郎（さるわかかんざぶろう）。父は17代目中村勘三郎、父方の祖父は3代目中村歌六、母方の祖父は6代目尾上菊五郎という、生粋の歌舞伎界のサラブレッド。世話物、時代物、新作とオールラウンドにこなした稀代（きだい）の名優で、梨園のヒーローだった。長男、次男も父の跡を継いでいる。

談志は彼をとても可愛がっていて、練馬の自宅に招いたりして、二階のジュータンの上で「高坏」という、ゲタのタップのような舞をやらせていたっけ。ご本人も「師匠、勘弁してくださいよ」と言いながら、懐いていた。

泣き節【なきぶし】

「選挙活動で身につけた」と、よく言っていた。選挙活動を終えて、そのまま寄席でトリをつとめ「芝浜」に入ったところ、声のかすれ具合が噺の中の登場人物のセリフのトーンとマッチしたという。

個人演説会で、ドスを利かせて間を取る手法を体得したのだ。野次られても「しかしなあ!」と一度逸（そ）らせて間を取ると、ヤジが来なくなる、と。あの談志独特のダミ声は選挙由来だったのだ。小ゑん時代は歌うような名調子だったのが、たくましく変身した。

情けをかけないことが最大の親切

【なさけをかけないことがさいだいのしんせつ】

筆者が前座時代によく言われたこと。「俺がお前たちにしてやれる最大の親切は情けをかけないことだ」と。子育ての真っ最中であるいまの自分に、ズシンと響く言葉だ。ほんと、情けをかけるほうがずっと楽なのだ。誰だって嫌われたくはないもの。いま振り返ると、その言葉の本質は真の優しさだったと知る。

ナンセンス【なんせんす】

「どこか常識とは違っている」「ずれている」というおかしさを誘うもの、ある意味バカにしたような笑いを誘うものと、談志は定義していた。

イリュージョンと混同されがちだが、イリュージョンはさらに談志のいう「落語リアリズム」をベースにナンセンス、ウィット、ジョークを含めた複合的なもの。

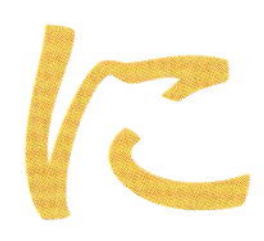

新潟のコメ【にいがたのこめ】

談志は1995年ぐらいから、新潟市岩室地区の田んぼを借りてコメ作りに励んでいた。田植えや稲刈りにも積極的に参加し、コメ作りの大変さと喜びを、土地の人々と分かち合っていたものだった。何度か食べさせていただいたが、飛び上がるほどの美味さだった。

談志はコメ作りに従事する人を、何よりリスペクトしていた。ご飯の炊き上がるときに立ち込めてくる匂いを心から愛していたっけ。

二院クラブ【にいんくらぶ】

政党名。正式名称は「第二院クラブ」だが、二院クラブの略称で有名。「第二院」とは参議院を指すが、第一院（衆議院）選挙に候補を立てたことはない。現在、国会に所属議員はいない。1953年（昭和28年）、参議院内会派として、第二院クラブの名が初めて登場。その後タレント議員の受け皿となる。

談志は青島幸男に「二院クラブに入れよ」と口説かれたことがあるが、石原慎太郎、佐藤栄作との義理と縁があったため断った。青島幸男とは考え方、価値観などすべてが真逆だったようだ。

新浦壽夫【にうら・ひさお】

1951（昭和26）年5月11日～。元プロ野球選手。巨人軍などで投手として活躍し、日本では通算116勝。1983年に退団し、韓国プロ野球に舞台を移して54勝。韓国球界時に糖尿病を発症、インスリン注射が欠かせない生活になったが、外部にはその姿を一切、見せなかったという。現在は母校の静岡商野球部の外部コーチもつとめる。談志が贔屓にしていた野球選手の一人で、出自は在日韓国人だったが、日本国籍を取得する際、談志らが尽力したとのこと。左の速球派だったが、プロ生活後半には技巧派に変身し、カムバック賞も受賞した。

逃げろー【にげろー】

談志がサイン色紙にしたためていた言葉。そうなんだよ、逃げればいい……。「逃げないこと」を美徳とする日本人は、その頑張りでここまできたのかもしれないが、その反面、自殺者の数」がひずみとして出てきてしまっているのかもしれない。

談志は「学校に行きたくない奴に無理に行かせることはない。勉強したくない奴に無理してやらせることはない」とも、よく言っていた。自分がダメになる前に、逃げろ。逃げるのは決して、恥じゃない。

ニコラス・ブラザーズ【にこらす・ぶらざーず】

Nicholas Brothers。フェイアード・ニコラス(1914年10月20日～2006年1月20日)とハロルド・ニコラス(1921年3月17日～2000年7月3日)の兄弟によるダンスデュオ。あのフレッド・アステアをして、「自分が見てきたミュージカル映画の中での最高シーン」と言わしめた『ストーミー・ウェザー』という映画でのダンスが有名。アクロバティックな圧巻タップに、談志が心酔していた。好きな友人らを招いて彼らのVTRを観るのを何よりの楽しみとしていた。

西部邁【にしべ・すすむ】

1939(昭和14)年3月15日～2018(平成30)年1月21日。評論家、元東京大学教授。保守派の論客として、社会問題、国際問題などに鋭い視線を向けることで有名だった。

談志とは価値観が同じで、ともに愛妻家というところまで一緒で、心の底から意気投合していた。談志の番組「談志・陳平の言いたい放だい」(TOKYO MX)ではレギュラー陣として招き入れていた。

筆者はシナリオの勉強をしていた前座時代、シナリオ作家のグループがよく飲んでいた新宿の「BRA」というバーで何度かご挨拶させてもらったが、思想とは真逆のような穏やかで温厚な笑顔の方だった。まさに清濁併せ呑むという風情で、お酒を嗜(たしな)む姿が印象的だった。

西丸震哉【にしまる・しんや】

1923(大正12)年9月5日～2012(平成24)年5月24日。食生態研究家、エッセイスト。探検家としても日本の探検登山の草分け的存在。関東大震災直後に生まれたので「震哉（ふるえるかな）」と命名されたという。母方の祖父の弟が島崎藤村。

談志とも懇意で、上田哲とともに老人党を結成した。談志主催の会にたびたびゲスト出演し、談志からの「沼と池との違いは?」という問いに対し、西丸氏は「気持ちが悪いのが沼で、気持ちのいいのが池」と答えた。談志はこれを自らの落語「やかん」の中で取り入れている。

二人旅【ににんたび】

落語の演目。本来は、2人の旅人が道中や茶屋でやり取りをするだけの淡々とした噺だったが、談志はオチはもちろん、茶屋の婆さんをアナーキーにするなどの脚色を施し、爆笑談志落語にした。本人曰く「粗忽長屋」「金玉医者」「大工調べ」とともに自慢できるネタの一つとのこと。「オラの糞だ」はいつも笑ってしまう。

二番煎じ【にばんせんじ】

落語の演目。防火のための「火の用心」を、連中が番屋に集い、回り持ちで行うが、寒さを緩和するために酒だの、猪鍋（ししなべ）の具材だのを持ち寄って、小さな宴会が始まってしまう。無論、夜回りの飲酒はご法度なので「煎じ薬」と言い張ることにして、宴会を楽しんでいると、パトロールの同心がやってくる。飲酒がバレそうになったので煎じ薬というと、その同心も飲みたいと言い、「誠に結構な煎じ薬だ」とガブガブ飲む。ついには鍋まで平らげてしまう。「もう一杯もらいたい」「いや、もう煎じ薬はありません」「では町内を回ってくる間に二番を煎じておけ」。

談志はこのグループの中で、いじられキャラとして侍の交渉役をつとめさせされる「宗助さん」という人物を愛していた。「宗助さんを忘れちゃいけねえ」と、よく言っていた。こういう落語マニアとの会話を好んでいたものだ。

日本教【にほんきょう】

山本七平の造語。「日本人のうちに無意識に染み込んでいる宗教」という意味の概念を表す。山本によれば日本教とは、神ではなく人間を中心とする和の思想とのこと。

談志は山本七平を信奉していた。長年にわたって前座たちを二つ目に昇進させない自らの方針を「日本教に反してはいる」と自覚していたが、自身もどこか、「やはり日本教の範疇にいる」とも指摘していた。

日本人は貧乏が似合っている

【にほんじんはびんぼうがにあっている】

談志の口癖のような言葉で、よくサインに記していた。大平洋戦争の前後を多感な少年期として過ごした談志ならではの説得力溢れる言葉。「俺は口は悪いが品は悪くない」とはよく言っていた。金持ちになるのと引き換えに大切な何かを失ってしまった日本人を省みての発言だったのだろう。

江戸時代なんかは完全にリサイクル社会で、「うまくやりくりしながら回っていたコミュニティ」だった。それが戦後「エコノミックアニマル」と称され、それが褒め言葉だと思っていたら、バブルの後、経済は停滞したまんまだ。金持ちだと思っていたら、いまや、ただの物価の安い国に成り下がってしまったのかもしれない。インバウンドで外国人がたくさん訪れるのはただ単に物価が安いからとのこと。

どうだろう、結局背伸びして金持ちの仲間入りするよりも、身の丈に合った耐乏生活のほうが、キャラに合っているのかもしれない。サミットのような先進国に無理して入れてもらって肩身の狭い思いをするよりも、ASEAN諸国の兄貴分として、暑い国同士、仲良くやっていたほうがいいのではないかなあ。ASEANのような国々の方のコミュニティに入れてもらったら？　こちらのほうが似合いそうな気がすると、夏が来るたびに思う。

人間、いい時は10年だ

【にんげん、いいときはじゅうねんだ】

「人間、どんなにいい時も10年は続かないものだ」という虚しさをよく訴えていた師匠だった。『平家物語』の冒頭のあの言葉のような無常観からか。前座のときに言われたことを踏まえると、「悪い時も10年も続かないぞ」ということだったのか。「生者必滅、会者定離」は、落語の「野ざらし」の中にも出てくるセリフだ。

人間は大義ではなく、小義で動く

【にんげんはたいぎではなく、しょうぎでうごく】

談志がよく言っていた言葉。「世界平和」などという大義なんかじゃ動かない。「あの野郎、俺が30円余計に払ったの気づいてないのか」みたいなセコさで怒りを覚えるのが人間なんだと。「ここからは俺の流儀で動いてもらう」とは、入門したばかりの頃よく言われたものだった。案外他人の怒りとか不愉快なんて、お礼状の出し忘れみたいな小さなことに起因するものかもしれない。日々の暮らしの中で反芻すべき言葉かもしれないと、肝に銘じている。

人情噺【にんじょうばなし】

夫婦や親子の情愛を描いた長編落語の総称。「芝浜」「ねずみ穴」「紺屋高尾」「文七元結」など。談志は「業の肯定」とは真逆の「業の克服」を旨とするこれらの噺と格闘し続けていた。何より「人情噺ができて一人前」という風潮に、若い頃から感じていた疑問がその原動力となっていた。「人情噺は嫌いだけど上手い」というアンビバレンスが、談志の魅力だった。

人情八百屋【にんじょうやおや】

落語の演目。談志が春日清鶴の浪曲を聴いて「いい話だ」と落語に仕立てたものという。基は講談ネタだったらしい（講談「伊勢の初旅」の冒頭部分とか）。

八百屋の平助が貧乏を極めた一家を見るに見かねてお金を与えたところから、噺が転がっていく。ラストは、両親に死なれてしまって残された子供2人を平助が預かる展開で、江戸っ子らしさが実に横溢する世界。

ビートたけしさんが、筆者の兄弟子の立川談春師匠の下、立川梅春という高座名で披露することが多い。短いながらも粋な噺。

ぬいぐるみ【ぬいぐるみ】

談志は実は、ぬいぐるみ好きだった。代表的なのがライオンのぬいぐるみの「ライ坊」。筆者は前座時代、怒鳴られてばかりの日々、無条件で愛されていたライ坊になりたいなと、真剣に思った時期があった。ライ坊に向けた優しさの10分の1でもこちらに向けてくれと、いつも願っていたものだった。「なまじしゃべると嫌われる」という大事なことはライ坊から教わった。筆者はその頃の反動からか、くまモンに夢中である。

抜く【ぬく】

落語用語で、「高座を休むこと」。談志は抜くのがキャラになっていた部分があった。高座を休むことというより、前座の頃、2度だけ談志がなかなか来なくて、やむなく筆者がつないだことがあった。「なんで遅れたんですかと聞かれたら、ここに来る前が楽しかっただけと答えるだけだ」と、よく言っていたものだった。ほんと、面倒くさい人だった。

ねずみ穴【ねずみあな】

落語の演目。兄弟の話。田舎から出てきて江戸で成功した兄を頼って弟が尾羽打ち枯らしてやってくる。兄は「自分が商いの元を貸すから江戸で商売をやってみろ」と諭して包みを渡す。弟が表に出て開けてみると、たったの三文。激怒する弟は突っ返しに行こうと一瞬思うが、思い直し、そこから這(は)い上がることを決意した。

「兄貴、憎し!」を原動力に、這いつくばってどん底からスタートし、10年経って大きな商人の主人にのし上がった。つくばおろしの吹きすさぶ師走(しわす)、そのときに借りた三文と利子を合わせた五両を持って兄貴の家に行く。その夜、弟の人生観が変わる兄の告白が待っていた……。

談志の十八番(おはこ)。この落語と爆笑系「勘定板」とのセットで全国を回り、観客を笑いと涙で喜ばせ、票を稼いだという。あざとい落語である。

ネタ【ねた】

「受けても受けなくてもとにかくネタ(落語の数)を増やせ」と、よく言っていた。二つ目の昇進基準が50席、真打ちが100席というのが、その表れだった。

談志自身、200以上のネタを持っていた。「たくさん覚えておくと、いつか人生のとある部分にネタがフィットすることがある。その可能性を高めるためにも大量に仕込むべき」というのが談志の考えだった。そこで筆者も前座のうちから「らくだ」などを稽古したものだった。

ところで、楽屋の噂話(うわさばなし)で「ネタの数の少ない人は長生き」というのがあるが、それはある意味“当たり”かもしれない。ご興味のある方はぜひご自身でお調べくださいませ。

根津界隈【ねづかいわい】

東京都文京区根津は、談志が亡くなるまで愛した町だった。則子夫人の入院をきっかけに根津に30年以上住むことになった。崇敬していた根津権現、そして談志自らも入院する際に厄介になった日本医大付属病院も徒歩で行けるし、大好きだった銭湯もあり、しかも都心へのアクセスもいいとあって、すっかり溶け込んでいたように見えた。

それにしても、そんな大切なプライベート空間に当たり前のように弟子たちが出入りするのを、よくぞ許してくれたなあと、改めて徒弟制度に感謝している。

根津神社【ねづじんじゃ】

根津にある神社。徳川家にご縁のある神社で、いまから1900年以上もの昔、日本武尊が千駄木の地に創建したと伝えられている。文明年間には太田道灌が社殿を奉建している。 ツツジの名所として名高い。

お内儀さんの手術のため、病院に一番近いところがよかろうと、根津に引っ越した談志だったが、以来、毎日の参拝は欠かさなかった。お内儀さんの病は治癒したのだが、ずっと談志は「女房の病気が治ったのは根津権現さまのおかげ」「権現様に治してもらった」と言い続けていた。愛妻家で、信心家(特に徳川家を信奉)である談志の姿をほうふつとさせる、微笑ましいエピソードだ。「お前、俺の分のお賽銭(さいせん)、出しといてくれ」と、よく言われたものだった。

また談志は「ツツジ祭り」の時期に、自宅マンションに面した路上で「ガレージセール」と銘打ったフリーマーケットを毎年開催していた。直筆サインをその場で売ったり、長男が子供の頃使っていた木製バットに「長嶋茂雄」とマジックで書いたものや、コカコーラの景品のグラスに「コーラは毒だ 立川談志」と記したものなどがかなりの値段で売れていたものだった。

寝床【ねどこ】

落語の演目。元々は「寝床浄瑠璃」という上方落語。

義太夫に凝ってしまった大家の旦那、義太夫の発表会を催すが、そのあまりのひどさからみんな出席を断ってしまう。激怒した旦那は「みんなこの長屋から出て行け、店の者はクビだ!」と怒ってしまう。なんとか調整し、旦那をなだめて、再び義太夫の会を再開するが、参加者は酒を飲みすぎて寝てしまう。呆れ果てて怒った旦那だったが、丁稚(でっち)の定吉だけが泣いている。「こいつだけが自分の義太夫のよさを理解したのか」と感激していたら、定吉曰く「あそこが私の寝床なんです」。

談志も頻繁にかけていたネタ。談志はこの落語の中の「誰ががんもどきの製造法を教えてくれと言った?」というセリフに、こよなく魅力を感じていた。先代桂文楽師匠の得意ネタだった。

根白石村【ねのしろいしむら】

1955（昭和30）年まで宮城県宮城郡北部にあった村。現在の仙台市泉区根白石近辺を指す。

談志は戦時中、父方の田舎であるその地域に疎開していた。戦争の気配もなく、のどかで白米もあったとのこと。新婚時代にも則子夫人と2人で訪れたとのこと。大好きだった台湾映画の巨匠、ホウ・シャオシェン監督の『冬冬（トントン）の夏休み』に近い世界がそこにあったのではと推察する。

眠れない夜のゲーム【ねむれないよるのげーむ】

「羊が1匹、2匹、3匹」というあの要領で、たとえば鈴木なら鈴木を姓に持つ人物を片っ端から思い出してゆくというゲーム。そしてついでのその人物にまつわるエピソードも思い出すのだという。

眠れない夜の過ごし方として、特に晩年はよくやっていたが、寝ても覚めても頭脳はフル回転だったということの証明でもあった。記憶力のすごさとともに、談志らしい生活の処理法である。

練馬の自宅【ねりまのじたく】

談志がかつて住んでいた、練馬区は南大泉にあった一軒家。ほぼ衝動買いに近い形で購入したのだが、子供たちも興味を示したのは一瞬だけで、則子夫人にいたっては「伊勢丹から遠い」との理由で、やがて近寄らなくなり、結局談志が一人で住むことになった。

そして談幸師匠が前座時代、師匠にとても気に入られた結果、愛の住処のように2人で住んでいたとのこと。ここでの談幸師匠は、前座として談志への立ち居振る舞いが、伝説のように完璧だったという。筆者にしてみれば前座時代、ほぼほぼここでは怒られた経験しかない道場のような存在だった。

いまは改築し、志らく兄さんが家族と一緒に住んでいる。玄関に先代文楽師匠の書「らしく、ぶらず」が置かれていた。

野口雨情【のぐち・うじょう】

1882（明治15）年5月29日～1945（昭和20）年1月27日。詩人、童謡作家。北原白秋、西條八十とともに「童謡界の三大詩人」といわれ、「七つの子」「こがね虫」「赤い靴」などが代表作。温かく人間性豊かな作品は、今日でも広く親しまれている。

談志は二つ目小ゑん時代、出囃子に野口の作品「あの町この町」を使っていた。当時、童謡を出囃子に使うのは珍しく、以後、ほかの落語家も取り入れるようになった。

「おうちがだんだん遠くなる、というような雨情の感性がいいんだよなあ」と、よく言っていたっけ。子供のまんま大きくなったような人だったんだ。

残したものを持ち帰るのが談志スタイル
【のこしたものをもちかえるのがだんしすたいる】

とにかく食べ物を粗末にするのが嫌いな人だった。あの戦争を経験してきたからだろう。一時期「談志印のタッパーウェア」なるものを作ったっけ。「パーティーなどでの残り物を、自己責任の範囲において持ち帰るべき」という考え方からだった。

談志、松元ヒロさん、筆者と3人で山形の落語会に行ったことがある。帰りの飛行機は全日空のプレミアムクラスシートで、弁当が出たのだが、談志は「持って帰る」とCAさんに伝えると、杓子定規に「食中毒の危険がありますのでお持ち帰りはできません」と言われてしまった。松元ヒロさん曰く、そこからがすごかったとのこと、CAさんに向かって「おい、姉ちゃん。あんたんところの航空会社は何か、客が家に帰るまでの間に腐るようなものを機内で食わせているのか?」……。以上、松元ヒロさんから聞いた話。「普通はあそこまでこだわらない。さすが談志師匠ですね」とはヒロさんの弁。

野ざらし【のざらし】

落語の演目。八五郎の隣に住む尾形清十郎の元に、女がやってきた。「なんで、あんないい女が?」と問い詰めると、それは野ざらしに回向をした際、そのお礼に訪れた幽霊だったとのこと。

「あんないい女なら幽霊でも構わない」と、尾形の竿を借りて骨を釣りに出かける。そこで「どんな女が来るかなあ」と妄想を浮かべながら、「サイサイ節」を歌う。「鐘がボンと鳴りゃさー 上げ潮南さー カラスがパッと出りゃこりゃさのさ 骨がある サーイサイ」。

言わずと知れた談志の十八番である。特に若い頃はこのネタで一世を風靡した。3代目春風亭柳好のリズムとメロディを生涯リスペクトしていて、それを取り入れさせていただいたそう。落研の古い先輩方に聞くと、当時談志の「野ざらし」はブームで、みんながやりたがったとのこと。その反動か、筆者が入門してからの55歳以降は、ほとんどやらなかったっけ。

野末陳平【のずえ・ちんぺい】

1932（昭和7）年1月2日〜。放送作家、経済評論家、タレントとして活躍ののち、政治家に。2019年の参議院議員選挙でも、87歳で東京選挙区から立候補したが落選。

談志とは参議院議員同期当選組。2004年4月から2008年8月まで、TOKYO MXのテレビ番組「談志・陳平の言いたい放だい」で共演し、晩年には、ほぼ親友という間柄だった。談志の疑問にわかりやすく答えるというようなやりとりが定番となっていた。談志は「陳さんはすげえ」などと評価したり、からかったりと、全幅の信頼を置いていた。現在も立川流の若手を可愛がっている、ご隠居さん的キャラ。

則子夫人【のりこふじん】

愛妻家だった談志は、則子夫人のことを「ノンくん」と呼び、生涯愛し続けてその言動を愛（め）でていた。談志との会話が面白かった。「リンカーンは奴隷を解放した人だ」「じゃあリンカーンは奴隷なの?」。「カレイは砂の中にいるんだよ」「へえ、海の中じゃないんだ」。「近頃よく夢を見る。なぜか落語協会にいて、この俺が冷遇されてるんだ」「あら、パパ、それ当たっているじゃない」。「アザラシってこういう顔してるんだよ」「へえ、やな顔ね。じゃあ野ざらしはどんな顔してるの?」などなど。

とある人が「談志さんの奥さんにはこの人以外考えられない」と言ったことがあるが、その通り。なによりこのお方の天使性は対師匠のみならず、弟子に向けても発揮された。前座時代、とにかく師匠に対してしくじりまくっていた筆者だったが、則子夫人のお取り成しで幾度も救われたことがある。則子夫人、ご長女、ご長男、ほんと大事にしていただいている。

のるかそるか【のるかそるか】

談志の愛したコメディ映画。

原題『Let It Ride』。1989年制作の競馬を題材としたもので、リチャード・ドレイファスとテリー・ガーは『未知との遭遇』に次ぐ夫婦役での共演となった。落語でいう「逃げ噺」、時間のないときにお客を受けさせなきゃいけない中でやる噺のようなストーリー。そんな流れを、談志は好んでいた。

ノンくん【のんくん】

談志夫人。本名は則子さん。談志は根っからの愛妻家だった。2人が付き合うようになったのは、「何かの落語会でミスが生じたときに、将来お内儀さんになる則子さんの謝り方がよかったのがキッカケ」だと伝え聞いた。自身が生涯、お内儀さんを愛し続けていたせいか、必ず弟子の結婚式の際には、「結婚したら別れるな。以上」と、端的過ぎる言葉を送っていた。我が家も当然、承った。いまのところ、おかげさまで円満である。

ノンくん語録【のんくんごろく】

談志は弟子の前でも臆面もなく「ノンくんは偉い!」と言い放っていた。筆者も「それが理想の夫婦像だ」と前座時代は刷り込まれた。一門の新年会でのカルトクイズで、「師匠の昨年の語り初めのネタは?」というのに、ノンくんは「芝浜!」と自信を持って答えて弟子たちの大爆笑を誘った。師匠も「ノンくん、あれはね、年末の話!」と笑っていたものだった。こんなふうに、談志の理想の女性がそばにいたことが、あの2007年12月18日の伝説の芝浜につながったのだと、筆者は確信する。

以下、談志が高座でもよく喋っていたノンくん語録。

- 談志の十八番(おはこ)の「野ざらし」をアザラシが出てくる噺だと思っていた。「雛鍔(ひなつば)」という落語を「きんつば」と言った。
- 「パチンコへ行こうかな。ひとり会へ行こうかな」。パチンコと談志の独演会を同列に考えていた。
- 競馬の八百長事件を知って、「馬がどうして八百長できるの?」

パーソナリティ【ぱーそなりてぃ】

「最後は当人のパーソナリティ」が談志の結論だった。「個性」、「その人らしさ」など、要するに独自の面白さで大衆を惹きつけられるかどうかにかかっているということを訴えていたのだろう。

無論、落語家のみが対象ではない。居酒屋の主人から小説家からジャーナリストから、すべての職業の方に当てはまる物言いである。「個の魅力」こそ肝心なのだ、と。

入門したての前座に向けては「個性は迷惑だ」と言い切った姿勢と見事にまでシンメトリーを描くが、決して矛盾はしていない。きちんとした手順さえ踏んだと認めたならば、頼られたらとことんアドバイスしていた人だった。「自分で肩書きを名乗ってしまうのも手だよ」などと、具体的なアイデアを惜しみなく与えていたっけ。名プロデューサーとしての側面も持っていた人だったのだ。

弟子は、あまりに近すぎるので相談に行けなかったが、もし行ったら、悩みや疑問に素直に応じてくれたはずだと確信している。もっと甘えればよかったなあ〜。

ハーフアンドハーフ
【はーふあんどはーふ】

談志の好きなビールの飲み方。普通のラガービールと黒ビールを半分ずつ注いだところに氷を浮かべて飲むのを好んでいた。

好みの酒の変遷はというと、筆者が入門した頃はJ&Bのソーダ割り→生レモンサワー→ハーフアンドハーフという感じだった。ビールは特に落語会が終わった後に飲むのが好きで、銘柄はサントリー以外と決まっていた。テレビに出ていたとき、スポンサーだったサントリーともめてそれ以来、そうなったという。

ハイカラ節【はいからぶし】

「自転車節」「ゴールド節」「チリリン節」とも呼ばれ、明治41年に生まれ、明治期に流行った俗曲。作詞・作曲は神長瞭月（1888〜1976年）。神長は独学でバイオリンを学びバイオリン演歌というジャンルを作った。当時の流行りの様を「ハイカラ」と呼んだが、女学生、自転車などという最先端の風俗が織り込まれている。「時代が変わったんだ」という明るい明治の雰囲気が伝わる歌である。談志が特に好きだった歌で、前座の頃、二つ目昇進の際にチェックされたっけ。

歯医者【はいしゃ】

談志自身、「俺は歯を磨き過ぎて悪くした」と、よく後悔していた。何事においても真面目な人だったのだ。練馬や根津の自宅の洗面所の後ろ側に、山ほどの歯間ブラシが落ちていたことがあった。結果、インプラントの世話になり、最後はすべてを一本歯のインプラントにしていた。

歯医者さんとは個人的に親しくしていて、古くは新橋駅前にあった織家歯科、そして織家先生亡き後は、虎ノ門の吉澤歯科に通い、プライベートでも仲良かった。談志にコンボイの存在を教えたのも吉澤先生だった。

売春【ばいしゅん】

案外に潔癖だった談志は、その手の場所は嫌いだったようだが、見学と称して世界中の売春の現場を見て回ったとのこと。

韓国にはミヤリという場所があり、チョゴリを着た女性が並んで座っている古典落語の「張り店」のようなたたずまいだったという。

本家アムステルダムの「飾り窓の女」、アルジェリアの「カスバ」、デュッセルドルフ、パリの「ピガール」、モスクワの個人売春の家などなど。好奇心の塊だったのだ。

売春ジョークで談志が好きだったのが、アメリカで売春婦を買い、彼女のアパートへ行った。するとなんと「ハーバード大学卒」の卒業証書やら、エール大のなんとか課程終了などのメダルなどが飾られている。「これだけのキャリアがあるのに、なんで売春婦やっているの?」「私、運がよかったのね」……。

パイノパイノパイ【ぱいのぱいのぱい】

演歌師の添田唖蝉坊（そえだあぜんぼう）の長男で、同じく演歌師の添田知道（添田さつき）作詞による、大正時代に流行した歌。別名「東京節」。元々のメロディーは、ヘンリー・クレイ・ワークによって作曲された「ジョージア行進曲」。添田によって作詞される以前から、広く親しまれてた馴染みの曲で、そこに添田が改めて歌詞をつけたものが「パイノパイノパイ」。談志の好きな歌だった。

馬鹿とは状況判断のできない奴のことをいう

【ばかとはじょうきょうはんだんのできないやつのことをいう】

これは、筆者が談志から山ほど言われ続けてきた小言。前座期間9年半、毎日、師匠のもとに行かない日はあったものの、一日に幾度となく怒られたこともあるので、数にしてどのぐらいの小言をもらってきたのだろうか。少なく見積っても2000回は確実にこえているはずだ。その度に謝ってきたから、つまり2000回は謝罪した勘定になる。

唾棄すべき思い出だが、実は本書を書くにあたって、とても役立っている。「物事に対して、状況判断、確認、処理という一連の行動ができない奴、それを馬鹿という」。思い出に刻まれ続けている言葉だ。

馬鹿は隣の火事より怖い

【ばかはとなりのかじよりこわい】

よくサイン色紙にしたためていた言葉。詩論の「馬鹿とは状況判断のできない奴のことをいう」と同じ意味で、筆者は何度も、面と向かって怒鳴られたものだった。

右も左もわからないまんま入門して迷惑をかけ放題だった筆者のドジの数々を、カミさんに話したことがあるが、「ほんとに辛抱強く耐えてきたのは談志師匠のほうね！」と呆れられたっけ。案外辛抱強かった人なのだ。

そんな話を真打ちになってから志の輔師匠に伝えたら、「お前が入門したんじゃない。師匠がお前を呼んだんだ」という名言をいただいた。さすが志の輔師匠。このお方は誰も傷つけない言い方をしてくれる。

爆笑問題【ばくしょうもんだい】

日本で知らない人はいないくらいの、1988（昭和63）年結成のお笑いコンビ。略称は「爆笑」「爆問」。太田光と田中裕二の2人が醸し出すおかしさは秀逸で、フジテレビ系列「ボキャブラ天国」などその後のブレイクは周知の通り。1993（平成5）年に独立し「タイタン」という個人事務所を設立。談志は太田を「こいつは俺の隠し子」とまで言うほど、その才能を評価し、またいつも「天下獲っちゃえよ」と励ましていた。「こいつ（田中）だけは切るなよ」とも。まだブレイク前の2人が、銀座の美弥で、酒は飲めないの

にもかかわらず、無理やり談志に飲まされ、真っ赤な顔してネタをやらされていたことがあった。

博打観【ばくちかん】

「運が落ち目や停滞のときこそ、ドカンと張らなきゃいけない」という考えの持ち主で、「10万円負けたときに20万持っていって10万取り返そうとしてもどうにもならない。100万円張って1割なら取り返せるだろう」という考え方をしていた。この顕著な例が則子夫人の入院に当たって、最高級の部屋で最高の治療を受けさせ、そして自分自身も毎日通えるようにとの配慮から、病院の近くにある根津に引っ越してしまったことだった。

吐くほど気を使え【はくほどきをつかえ】

弟子へのメッセージ。私も言われたし、また最後の弟子である談吉も言われたらしい言葉。おそらく直弟子全員に貫かれてきた伝統的な言葉だったのだろう。

談志の弟子になることについては、筆記試験や適性検査があるわけではない。よほど生理的に嫌いな奴以外は、とりあえず入門が許可され、そこから談志を快適にしようと必死にもがき続けて、落語家へと変身してゆく。確かに厳しい言葉だけれども、「吐くほど気を使うことができる奴ならば、出自を問わず、誰もが弟子としてそばに置いておいてやるぞ」という意味。恐ろしく公平な言葉なのだ。

化け物【ばけもの】

談志は化け物、狐狸妖怪の類いを、案外信じていたところがあった。心の中で狐(きつね)、たぬき、河童(かっぱ)、座敷わらしなど、どちらかというと牧歌的な、化け物でありながらほぼ人畜無害なものの登場を期待していた。兄弟分として慕っていた色川武大さんは「執筆をしているときに机と膝の間によく出てきた」と言っていたそう。談志自身も落語界のモンスター的存在だったので、どこかシンパシーを感じていたのかもしれない。

化ける【ばける】

落語界では、いままでさほど上手くなかった芸人が急に受けるようになって売れ出すことを言う。先代林家三平師匠がそれだったとのこと。ちなみに、生意気だった談志は、落語家になってからずっといじめられ続けたのだが、そんな談志を唯一かばって優しく接してくれたのは三平師匠だったとのこと。師匠はかつて、泣きそうな顔でそう述懐していた。

バスはいい。待ち時間はバスが来ることしか考えないものだから【ばすはいい。まちじかんはばすがくることしかかんがえないものだから】

談志の名言。日常のさりげないことを愛する人だった。

八月のクリスマス【はちがつのくりすます】

1998年に製作および公開された韓国映画。談志が好きだった悲しい恋の物語。エログロやホラー、そしてファンタジーは嫌いでしたが、こういうラインは比較的好んでいました。やはりロマンチストだったのであります。

罰金【ばっきん】

いつの頃からか、“談志をしくじる”と罰金という形になっていった。上納金システムに端を発していたからか、「石原都知事主催の小唄の会未参加事件」(参加しなかった弟子がいた)では、当時の前座に“連帯責任”として一律3万円、その直後の「上納金未納問題」では、「未納額の3倍」、つまり実質2倍の金額の罰金が課せられた。

これはBコースの高田文夫先生にも向けられ、高田先生が談志をしくじったとき「罰金30万円と上ロース3枚」が課せられた。高田先生は即座に対応し、「あいつはやはりものがわかっている」と、談志は言っていた。

初高座【はつこうざ】

談志の初高座は1952(昭和27)年、4月の新宿末廣亭、ネタは「浮世根問」。やはり最初から上手かったそうな。根問物というのは「根気よく問う」という意味で、聞くほうがそんな姿勢を貫いているうちに、知ったかぶりして喋る相手が根気負けしていく……。談志はその後、この「浮世根問」をバージョンアップさせた形の「やかん」をかけることになっていった。やはり未来の大器の片鱗がそこにあったのではと思う。

初高座は大概、どの落語家にとっても思い入れのあるもので、筆者の場合は1991(平成3)年6月15日、兄弟子の談四楼師匠が隔月で行っている下北沢北澤八幡神社での独演会でだった。演目は「道灌」。そのとき客席にいたのが、その7年後「談志居眠り裁判」の被告になるKさん。私の初々しい高座を見届けてくれた、頭が上がらない恩人である。

鼻唄【はなうた】

談志が弟子に求めていた唄のレベルは「鼻唄でいい」というぐらいのものであった。解説すると「落語の中の登場人物が落語の中で歌うレベルでいい」ということだ。逆に、鼻唄は身体に染み込むぐらいの距離感がないと歌えないもので、そんな自然さが出るようになるまでの稽古を積んでいるかが問われていた。鼻唄はその唄が好きで好きでたまらなくてつい口ずさんでしまうもの。そこまでになる姿勢が求められていたのだ。

踊りについても同じようなことが言える。「当て振りでいいんだ」と、よく言っていた。そんな器用さのない筆者が長期間前座修行を要求された理由は、ここにある。

母親思い【ははおやおもい】

母親思いの人だった。あるとき談志が母親と一緒に電車に乗ると、結構混んでいて、前に若い人が座っていた。そこで談志は、「お前ら、立てよ。俺のおっかさんに席譲ってくれ!」と言ったという。談志らしい話として巷間に伝わっている。

100歳を超えるほどの天寿をまっとうしたのが「鵜の木のお母さん」こと松岡豊(とよ)さん。筆者も前座時代は、よく可愛がっていただいたものだった。談志は私のしくじりまで逐一、豊さんに報告していたようで、よく鵜の木の家から「あんた、こないだ師匠しくじったんだって?」と電話をいただいたものだった。

こんなに息子と母親との距離が近く、まめにコミュニケーションを取る親子ならば、まず「振り込み詐欺」は引っかからなかっただろうと思う。

破門【はもん】

元々は仏教用語だが、落語界では「師弟関係の解消」という意味。談志は小さん師匠に破門されて立川流を作ったということになっている。ヤクザの場合、破門された者が別の組織に入ったりすると、その組織とは敵対関係が生じるぐらいの「死刑宣言」になるらしいのだが、落語界は別の師匠のところに行くのも概ね(おおむ)認められている。

逆に言うなら、破門されることでしか別の師匠の弟子にはなれないということ。だが、近年、そのシステムがだいぶ崩壊しつつある。

破門の一つ手前が「謹慎」、すなわち「クビにするほどでもないけれどもしばらく顔を見せるな」という措置。筆者は前座時代、2度謹慎を食らったことがある。落語家の場合、「しくじりをどうクリアするか」に、センスが問われる。

囃されたら踊れ【はやされたらおどれ】

談志はよくこう言って、弟子たちを鼓舞していたものだった。この言葉は談志のオリジナルかと思っていたら、紀伊國屋書店創業者の田辺茂一さんのようだった。名言は達人から達人へと受け継がれてゆくという見本である。飛躍させると、「囃されやすい、囃され甲斐のある人間になれ」ということかもしれない。盛んに「プロデューサーに可愛がられろ」という発言が、その裏付けだ。人間、囃されてナンボ。談志も囃されて国会議員にまでなった……。

バランス感覚【ばらんすかんかく】

談志が、あれほど毒舌を吐いても嫌われなかった理由は、バランス感覚が抜群だったからではなかったか。かなり際どいことを言いまくって、カットアウトするようにこの世を去ってしまったので、「毒舌を言われた側からかなりの逆襲などがあったのかも」と推測したが、まったくの杞憂(きゆう)だった。

いつぞや、地方の落語会でお客さんから「こっちでも大ネタやってくださいよ」と言われ「東京じゃ毎日やってるよ」と返したことがあった。するとその後の高座で、「さっき、『大ネタやれ』って言われたんで『東京じゃ毎日やっている。聞きにきなよ』と言い返したら『いや、それほどのもんでもない』と言われちまった」などと、自分を落としてネタにしていた。これぞバランス感覚だとうなったものだった。

ハンク・ウィリアムズ【はんく・うぃりあむず】

Hank Williams。1923年9月17日～1953年1月1日。本名はHiram King Williams。アメリカのカントリーミュージックのシンガーソングライター、音楽家。『ローリング・ストーン』誌の選ぶ歴史上最も偉大な100人のシンガー」において第27位。談志はカントリーにも造詣が深く、中でも「I Saw the Llight」を好んでいた。

バンダナ【ばんだな】

いつの頃からか、バンダナとサングラスが談志の象徴ともなった。サングラスは以前からかけていたが、バンダナはその後の必須アイテムとなったようだ。あれだけの個性あふれる人だったのに、さらに大衆へのイメージ戦略を考えたうえでのファッションだったのかもしれない。

「視聴者に、しゃべる内容よりもネクタイとかしか印象には残らない」と言っていた。「お前、メガネかけてみろ」と筆者も言われたことがある。セルフプロデュースの重要性を熟知した人の発言だ。「モノマネされやすいキャラの確立」である。立川談志自身も作品だったのだ。

パンタロン【ぱんたろん】

談志は若い頃、いわゆるラッパズボンを好んで穿(は)いていた。あの年代の方に比べて痩せ型でスマートだったから、女性的な格好が似合っていた。背が比較的高かったので、空港などでは見つけやすかったものだった(ただし、筆者はぼんやりしていてよく見逃してしまい、後で怒られたものだった)。筆者が弟子入りしたばかりの頃は、ジーンズが多かった。

バンド・ワゴン【ばんど・わごん】

フレッド・アステア、シド・チャリシー主演によるアメリカのミュージカル映画。

原題『The Band Wagon』。監督のヴィンセント・ミネリは、あのライザ・ミネリの父。談志が特に敬愛した映画。

パンは代用食【ぱんはだいようしょく】

美味しいコメにこだわっていた談志は、ある対談で相手の方が言ったこの言葉をえらく気に入っていたものだった。「代用食」などという戦中戦後の言葉に触れると懐かしがるのは、あの世代の特徴かもしれない。落語の道に入ってすぐに売れ始めた談志だったが、一瞬だけの売れない時期には、ソースをたっぷりつけたコロッケをパンに挟んで、飲み物は公園の水でやり過ごしたこともあったという。

ビートたけし【びーと・たけし】

1947(昭和22)年1月18日〜。お笑いタレント、司会者、映画監督、俳優、漫才師(ツービート)。本名は北野武(きたの・たけし)。東京都足立区島根出身。

タモリ、明石家さんまとともに、日本のお

笑いBIG3の一翼を担う。日本国外では本名北野武で、映画監督として知られる。落語立川流Bコースの一員で、「立川錦之助」という高座名を持っていた。最近は落語を口演する際、兄弟子の立川談春兄さんから一字もらい「立川梅春」を名乗っている。

談志には「ツービートの漫才を初めて褒めてもらった恩」をずっと感じ続けていた。「もし俺が談志さんのところに弟子入りするならば、気に入られるまでずっと家の前を掃除するなどして手順をきちんと踏まえるつもりだ」と語り、談志の落語に対しては「文楽、志ん生が王、長嶋ならば談志さんはイチロー」と、見事な見立てをしていた。

全芸人の憧れの星で、筆者は談志の次に憧れている。直接お会いしたことはないが、前座の時分、談志にタップをやっていると打ち明けたとき「たけしから電話あって、コンボイってのがいいらしいな」と言ってくれた。その一言で筆者はコンボイにハマり、そのメンバーの一人である同郷の上田市出身の瀬下尚人さんと、無二の親友になってしまっている。これも、たけしさん、談志のおかげである。

ビール飲むか?【びーるのむか?】

愛妻家で子煩悩でフェミニスト。これが実は談志の実像だ。「家族のいる奴は連れて来い」とのことで、カミさん、まだ幼い長男坊と次男坊とを連れて、筆者は一門の新年会に参加したことがある。緊張気味の2人の子供に向かって談志がにこやかに「ビール飲むか」と話しかけたそうな。子供にしてみれば、「パパやママは僕たちを赤ちゃん扱いするけど、談志師匠はオトナとして一瞬扱ってくれた」みたいな、"背伸びさせてもらえた感"が、いまだに思い出の中に残っているという。一言だけで強烈なインパクトを与えてしまったのだ。さすがというしかない。

ビールの割引券【びーるのわりびきけん】

「いきなり雨が降ってきたとき、居酒屋の店員がビールの割引券配っててな、一杯100円でビールが飲めるってんで、雨宿りがてら入って飲んでみたけど、うめえんだ。いいな『ぎょみん』、なあ?」。それ「うおたみ」です。

ピエロの絵【ぴえろのえ】

お世辞にもあまり上手いとはいえないが、サインの脇にピエロが泣いているような顔を描いていた。「笑われるまでにピエロはさんざ泣き」という味のある言葉とともに。

東朝鮮【ひがしちょうせん】

「俺は(いまいるこの国を)日本なんて呼んでいない。東朝鮮と呼んでいる。だからあいつらが攻めてきても、俺だけは助かることになっている。『たてかわだんし』ではなく、『イーチョンタンシー』と読むんだ」と言っていた。

「人間は大義ではなく、小義にこだわる」と言い続けてきた人のセリフだからこそ、重みがある。呼称って、案外、大事なことだ。向こうから見れば、日本は確かに「東朝鮮」にほかならない。

彼我の差【ひがのさ】

立川流の弟子たちは、一言で言うならば、「談志との彼我の差をどうするか」が落語家人生究極のテーマになる。「彼我の差」と向き合い、そしてせめぎ合い、そんな中で、それぞれが必死に居場所を築いて戦っているような感じにすら思える。

談志亡き後も、その幻影を追うかのように、誰もが危機感を持っている。そうとしか思えない。だからすごいのだ。談春兄さんが「立川流は研究所だ」と言ったのは、そんな雰囲気が漂っているからだと思う。だから筆者は、必死に自らの地位を確保しようと、こうして本を書いているのだ。ほかの弟子たちがやらないことをやるしかない。活路はそこに見出される。

ピコ太郎【ぴこたろう】

正体は古坂大魔王。1973（昭和48）年7月17日〜。お笑いタレント、DJ、音楽プロデューサー。「底ぬけAIR-LINE」の一員として「ボキャブラ天国」「爆笑オンエアバトル」などに出演。2016年には歌手「ピコ太郎」に扮して「ペンパイナッポーアッポーペン（PPAP）」を歌う動画が動画再生回数が1億回を超え、一躍世界を股にかけての大ブレイク。

談志は小坂に、オンエアバトルの審査員をしていた縁で「人の評価はいいから、『自分がいいって言ったらいいんだよ』って思い込め。やめんなよ。俺はお前のよさはわかんねえ。でもそれがいいんじゃねえか」という言葉をかけて元気づけ、さらには手紙まで送ったとのこと。その手紙には「遊んでいるか」の一言だけしか書かれていなかったという。小坂はそれを励みに、ネタを磨き続けた。

非常識の肯定【ひじょうしきのこうてい】

「常識を否定し、非常織を肯定するのが落語家だ」と、談志は終生、その生き様を貫き続けた。知らず知らずのうちに人間を縛りつけるのは、常識というルール。本来不快であるべきものを解消してあげた瞬間に人間性が解放され、ときめく。落語の役目はそこにあると喝破した。

常識は為政者側のお仕着せかもしれない。時代の価値観とともに変容するものだ。ただしすごいのは、談志は超がつくほどの常識人だったということ。常識が型ならば、まずはその型をまっとうできていないと、否定はできないのだろう。

美女は了見で口説け
【びじょはりょうけんでくどけ】

「容姿で女は惚れるんじゃない。了見に惚れるんだ。お前たちだって沢口靖子を口説けないことはない」

了見は「料簡」とも書く。了見は非常に幅の広い意味を持つ、特に落語家の世界ではよく使われる便利な業界用語。「考え方、思案、頭脳、価値観、言動、立ち居振る舞い」などを意味する。ざっくりいうなら広義の「頭のよさ」ということか。落語通ぶれる言葉でもある。例として「あいつは了見がよくないから、師匠をしくじるんだ」。

ピッチャー【ぴっちゃー】

談志が若かりし頃、芸能人野球大会が盛んだったこともあり、二つ目小ゑん時代に、自ら音頭を取って野球チームを作った。談志はピッチャーで、本人曰く「コントロールがいいからスコンスコン打たれる」とのこと。「素直なんだよ」というと「性格並みに曲がった球投げろ」と言い返されたらしい。

ちなみにキャッチャーが毒蝮三太夫さん。肩が強くて名捕手だったそうな。強さはというと当人曰く「勝った記憶はまずなかった」。それでも千葉茂さんが見に来たり、王貞治さんが代打に出たこともあるという。

火と刃物には気をつけろ
【ひとはものにはきをつけろ】

練馬の自宅に入って一番先に言われた言葉だった。談志不在の際には、基本的に、弟子は複数人で入って用をこなすように指示されていたのだが、たまたま筆者しかいないとき、台所でこう言われた。「火と刃物」、これは自分のみならず、他人をも傷つけてしまうモノだ。しかも、知らず知らずのうちに……。

一人酒盛【ひとりさかもり】

落語の演目。大酒飲みが友人を呼んで酒席を設けるのだが、呼んだ友人には飲ませないで、自分だけ飲みまくり、カヤの外に置いてしまう。刺身も自分だけで平らげ、友人には一切飲ませも食べさせもしない。ついに友人はキレてしまう。「なにォ言いやがんでえ、忙しいのに呼びに来やがって、てめえ一人で食らいやがって。てめえなんぞとは、もう生涯付き合わねえや。つらあ見やがれ馬鹿野郎ッ」と、畳をけり立てて帰ってしまう。

隣のかみさんがのぞいて「ちょいと熊さん、どうしたんだよ。けんかでもしたのかい?」「うっちゃっときなよ。あいつは酒癖が悪いんだ」。

圓生師匠の十八番(おはこ)で、談志は「憧れの噺だが難しい」と言っていた。時間さえあれば談志イリュージョンをぶちこみたかった落語の一つだが、ある面、圓生師匠への遠慮だったのかもしれない。

日野皓正【ひの・てるまさ】

1942(昭和17)年10月25日〜。日本を代表するジャズ・トランペット(コルネット)奏者。東京都生まれ。ジャズ好きの談志とは馬が合い、プライベートでもよく会っていた。談志の「お別れ会」ではソロ演奏を披露してくれた。遺影の前での「スターダスト」は名演だった。「ああ、師匠は星になったんだなあ」と染み入って聞いてしまったものである。

実は日野さんのお父様が日劇タップダン

サーズの日野敏先生で、筆者のタップの先生の先生でもあり、日野先生から直(じか)にタップを教わったこともある。「ビンズステップ」というステップを習ったっけ。

評価は他人が決めるもの【ひょうかはたにんがきめるもの】

談志の口癖であり、哲学である言葉。「いくら自分で頑張っているからといっても評価は自分で決めるものではない」という意味。「現実が事実」、さらには「努力は馬鹿に与えた夢」にもつながる、深い意味を持つ。これは、一見ドライにも響くが、よくよく吟味してみると、「お前のやるべきことは自己評価で自分を甘やかすことではなく、ひたすらコツコツ積み上げることだけだ。他人様は必ず評価してくれる。他人様を信じろ!」とも響いてくる。

頑張っている人にはとことん優しく、頑張っていない奴にはとことん厳しかったのが談志だったのだ。唯我独尊のイメージのあった人だが、徹底的に他者を信じ抜いたからこそ、あの地位を得たのだろう。

ビリー・ワイルダー【びりー・わいるだー】

Billy Wilder。1906年6月22日～2002年3月27日。アメリカの映画監督、脚本家、プロデューサー。談志が敬愛した映画監督。『サンセット大通り』『第17捕虜収容所』『情婦』などを特に好んでいた。談志が好んだ「J&Bのソーダ割り」はビリー・ワイルダーが愛飲していたからとのこと。

品【ひん】

「俺は口は悪いけど下品ではない」と、よく言っていて、「露骨にがめつい人」をとことん唾棄していた。そういう人たちを称して「田舎者」と呼んでいた。

でも、嫌いな対象が存在するということは、自分は常にそうならないように努めている証左。誰とは言いませんが「言葉は丁寧だけれども下品な人たち」っていますもんねえ。談志のこういう品格が、年長の人格者たちに愛された理由だったのではと思う。毒舌にも愛嬌があったのも、何より弟子がこんなに多かったのもそこだ。

貧乏【びんぼう】

「僕の家は貧乏です。車は3台ありますが貧乏です。家は2軒ありますが、貧乏です。マンションも持っていますが、貧乏です。奉公人が10人いますがみんな貧乏です」。

以前、「貧乏」と題してこんな小噺を振っていた。「日本人は貧乏が似合っている」とも言っていた。これが「幸福の基準を決めよ」という流れにつながっていった。

ビンラディンの喪に服す

【びんらでぃんのもにふくす】

亡くなる直前の時期に、談志は公の場に姿を見せなくなった。その理由として、誰言うとなく、この言葉が用いられるようになった。「師匠はいまビンラディンの喪に服していますので外出しません」などと、弟子たちは言ったものだった。いかにも談志らしさが溢れるような感じのする言い草だった。当時立川流顧問だった吉川潮先生らが広めて、一般化していった。痛快だった。

夫婦になったら、別れないこと

【ふうふになったら、わかれないこと】

筆者が結婚式で言われた一言。結婚のはなむけとして、これ以上の端的で素晴らしい言葉を聞いたことがない。

談志が何よりすごいのは、この言葉を守り抜いて一生を終えたことだった。溺愛のように則子夫人を愛し続けた談志だったが、やはり何度か別居生活をした時期もあった。が、かような諍いも乗り越えて、添い遂げたからこそ、実生活が「リアル芝浜」となって落語にも深みと陰影を与えたのだろう。「別れない」という夫婦としての縛りがお互いを確実に成長させるのかもしれない。

他人同士がコツコツ積み上げてお互いを大切にし合う訓練、それが夫婦なのかもしれない。実際「芝浜」は結婚していなければできないし、また「薮入り」という落語も子供がいなければできない噺だ。

ブームが来ているのに、それに乗っからないなら落語家の資格がない

【ぶーむがきているのに、それに のっからないならららくごかのしかくがない】

「囃されたら踊れ」と、ほぼ同義語。談志が国会議員に挑戦した一番の理由がこれ。「政治は政治、芸は芸」、「本分は芸だ」とか、そんな了見で納まっている奴が落語やったって面白くもなんともないだろうとの

こと。まったくの興味本位からの参院選立候補だった。

「感じたものをそのまま実行するのを英知、考え抜いてやることを悪知という」。これも談志の名言だ。「そんなブームがいつ来てもいいように準備しておけよ」という意味で「プロデューサーとは仲良くしておけ」という発言にもつながるような気がする。談志の言葉はすべてつながるかもしれない。まるで星座のように。

フェミニスト【ふぇみにすと】

極右的思考の持ち主と思われがちの談志だったが、実はフェミニストだった。それも男女同権などという思考からではなく、極度の照れから来るような感じだった。

筆者が前座の時分に結婚の報告に行ったとき、その掟破りを猛烈に激怒されたが、一緒に行った女性であるカミさんに対しては、「君に言うんじゃないからね、あくまでもこいつだからね」と念押しして小言をぶつけたものだった。

そして、その後お礼状を談志宛てに書いたカミさんに対して、きちんと直筆の返事を寄越してくれた。

不快感【ふかいかん】

人間の行動の根本は「不快感の解消にあり」と見ていた。かつての名横綱の千代の富士に対して「横綱になって勝ち続けなければ不快だったんだ」と評した。「努力」という言葉を用いない談志ならではの表現だ。

こんな考え方は当然、弟子たちにも向けられた。「二つ目にならないのは、いまの前座という環境が快適なんだろう。快適なのに無理して環境を変えてやることもない」と、こちらは必死に二つ目を突破しようとしているのに、そう言い切ってしまっていた。この溝を埋めるのに時間がかかった。「不快なら動け」である。

深川【ふかがわ】

「かっぽれ」と並ぶ、花柳界や寄席で花開いた踊りで、「かっぽれ」「深川」「奴さん」は踊りの基礎中の基礎ともいうべきもの。スローなテンポの中にも、猪牙舟(ちょきぶね)を漕ぐなどの江戸の風情あふれる所作があり、二つ目昇進基準の踊りの一つになっていた。

フカヒレ【ふかひれ】

談志の大好きだった食べ物の一つ。高タンパク低カロリーの高級中華食材である。「フカヒレもなく、北京ダックの店があるけど、ありきたりだな」「どういうことだよ?」「鴨(可も)なくフカ(不可)もなく」という小噺も、よくやっていた。

深谷【ふかや】

終戦直前の東京大空襲をきっかけに、談志は集団疎開ではなく、母親の実家のある深谷へ縁故疎開をした。その後、仙台の根白石村へ移り、終戦は深谷で迎えることになった。さつまいもと豆ばかり食べていたという。疎開に関していえば、当人はよほどの嫌な思い出があったためか、あまり表立っては話さなかったが、長野は蓼科（たてしな）方面に行かされた時期があったと聞いたことがある。

ふ

フサちゃん【ふさちゃん】

玉井房治さん。談志の伯父で母方の兄である。談志を初めて寄席に連れて行った人。談志の口癖だった「不合理矛盾に耐えろ」は、職人だったこの人から受け継いだ言葉のようである。

富士山とコメの飯と桜が好きな奴が日本人になった

【ふじさんとこめのめしとさくらがすきなやつがにほんじんになった】

談志の持論。「好きな奴がそこに集まった説」は正しいと思う。「で、選挙違反の好きな奴が千葉県民になった」と落としていた。日本人で上記3つが嫌いな人はまずいないだろう。こういう価値観の共有を何より談志は好んでいた。騎馬民族説とか日本人の出自を問う仮説は諸々あるけど、「富士山が綺麗（きれい）だよ」という感覚で集まったのが、この国の人々の根本なのではないか？　そして、そんな人たちが語り継いできたのが落語だったのだ。銭湯に富士山の絵があると落ち着くのは、DNAに刷り込まれたレベルの喜びに違いない。

舞台でなんか死にたくねえ

【ぶたいでなんかしにたくねえ】

「役者が舞台で死ねたら本望だというが、冗談じゃねえ。俺は家で死ぬんだ。具合が悪ければすぐ帰っちゃう」と言っていた。

とある役者さんが、自分の子供が事故で亡くなったときですら舞台をつとめたという美談が一事期話題になったことがあったが、談志はここでも、「知るもんか、客なんざ。俺なんか内儀さんが風邪引いたって帰っちゃう」とマクラで振っていた。

お客さんは「本当にこの人ならそうするだろう」という思い入れがあるせいか、大爆笑だったが、そばにいた弟子には、愛妻家でマイホームパパだったことの照れ隠しだなと、微笑(ほほえ)ましく聞いたものだった。

二つ目【ふたつめ】

落語家の身分。見習い→前座→二つ目→真打ちというのが落語家の身分制度。見習いと前座は基本師匠の付き人期間でもあり、プライベートより師匠を優先しなければならない。しかし前座修行を終えると、自由

に落語会を開いたり、売り込んだりする活動が許されるようになる。そのため、「前座から二つ目に昇進したときのほうが、二つ目から真打ちに昇進したときより嬉しい」というのは、落語家の誰もが抱く共通感覚である。二つ目の上が真打ち。真打ちになると弟子を持つことが許される。

他団体は、おおむね年数で昇進が決まる。前座から二つ目になるのに3～5年弱、二つ目が10年ぐらい、トータル15年で真打ちに昇進するケースが一般的（無論、抜擢(ばってき)などの例外もある）だが、立川流の場合は、談志の存命期間は二つ目昇進の基準は、「落語50席」プラス「歌舞音曲」、真打ちのそれは「落語100席」プラス「二つ目昇進時以上の歌舞音曲の技量」だった。要するに談志の首を一度でも振らせたらOKというものだったが、大概歌舞音曲、とりわけ唄でつまづくパターンが多かった。要するに談志好みの歌い方にそぐわないとなかなか認められなかったのだ。筆者は二つ目突破までに9年半もかかってしまった。

普通に生きてりゃ最高だ
【ふつうにいきてりゃさいこうだ】

よくサインにしたためていた言葉。「幸福の基準を決めよ」とほぼ同義語。「日本の失業者なんかロシアの労働者よりいい暮らしをしているじゃねえか。ホームレスが週刊誌読んでいる国はここぐらいだ」と、後に続いた。昨今は、談志が健在だった頃とはまた日本の経済面での立ち位置が変わってきたが、あの世から見たら、いまのこの国はどのように映っているのだろうか。

ふ

復興節【ふっこうぶし】

大正末期の関東大震災後に流行した流行り歌。「添田さつき」という演歌師による。「夜は寝ながらお月様ながめる　えーぞえーぞ、帝都復興えーぞえーぞ」という、どことなくユーモラスな歌詞と曲調が決め手。歌のパワー、本領発揮。談志はこういう明るさのある旋律を好んでいた。これこそが日本人のDNAなのだろう。

筆まめ【ふでまめ】

談志は、旅先から帰ってくるとすぐに、電話でお礼をしていた。感謝の意をすぐに伝える達人は、お礼状も必ず手書きで送っていた。「切手代だけで義理が果たせるんだ」とよく言っていたものだった。

仕事のみならず、お中元、お歳暮のお礼などを含めると、年間で数百枚は手書きだったのではと察する。弟子の実家から送られてくる盆暮れの挨拶にも、きちんとお礼状が送られてきていた。それは同時に弟子の近況報告も兼ねていて、大事な息子を預かっている師匠としての折り目正しい責任感の表れでもあった。筆者が、なかなか二つ目昇進が決められないでいたときには「歯がゆい思いです」と書かれ、真打ちになって総合文化施設「佐久市コスモホール」の館長に就任したときには「息子を落語家にしてよかったでしょ?」としたためられていた。

不動坊【ふどうぼう】

落語の演目。不動坊という芸人が旅先で死に、残された美人の未亡人が借金返済のため町内の吉兵衛と所帯を持つことになる。それが面白くない、モテない3人組が悪口を言われたことに意趣返しを企画する。売れない前座が幽霊の役となり吉兵衛宅に行って脅かそうとするのだが、どれもこれもチグハグな結果になってしまう。

ドタバタチックで面白い噺で、筆者はこの落語に都々逸を盛り込み、談志に聞いてもらおうと、真打ち昇進トライアルのネタとして稽古を重ねた。談志は「アルコールと餡ころを間違える噺のどこが面白いんだ?」と言っていたっけ。そこが一番バカバカしくて面白いのに。

訃報【ふほう】

談志の訃報が公になったのは、2011(平成23)年11月23日のNHKで放送されていた大相撲九州場所のニュース速報だった。亡くなったのはその前々日の21日。最後の弟子の談吉以外には知らされていなかった。

「老いさらばえてゆく姿を、談志には憧れの姿しかイメージしていないはずの弟子たちには見せたくない」いう遺族の判断からだった。「これでよかったんだよ」と言った志の輔師匠の言葉が心に響いたものだった。自分の記憶の中からカットアウトしてしまったせいか、いまだに談志の夢を見る。今回のこの本、読んでもらいたかったなあ。

フラ【ふら】

落語用語。“言葉では説明できない落語の面白さ、おかしみ”、つまり「ロジカル化されない面白さ」のことで、「あいつには何ともいえないフラがある」などという。これは落語家としてものすごい強みであり、柳家小三治師匠、うちの一門では亡くなった左談次師匠にフラがあった。

フラは「稽古や努力で身につけられないもの」とされる。悲しいかな、談志は自ら「俺にはない」と断言していたが、半面、「小さん師匠、小三治師匠、志ん朝師匠にはある」とも言っていた。自らを客観的に見て、これがないと悟った談志は、ロジカル方面に舵を切って、落語の理論化を目指し、そしてイリュージョンの方面に向かって行ったのかもしれない。あくまでも推測の域を出ないが。談志が、実は努力の人であることの証明かもしれない。

プラトーン【ぷらとーん】

原題『Platoon』。1986年公開のアメリカ映画で、オリバー・ストーンが監督・脚本。チャーリー・シーン、トム・ベレンジャー、ウイレム・デフォーらが出演。第59回アカデミー賞作品賞を受賞したほか、数々の映画・音楽賞の栄誉に輝く作品。「プラトーン」とは、軍隊の歩兵や警官隊などの最小ユニットである「小隊」のこと。

ベトナム戦争の悲惨さを訴えた名作とされているが、談志は「要するにアメリカの言い訳だ」とズバリ切って捨てていた。弟子入り前、週刊誌で映画批評のコーナーを担当していた談志だったが、この映画に対する一言で弟子入りしようという気持ちがさらに強くなったことを覚えている。批判精神も談志の魅力の一つだった。

ふるさと【ふるさと】

高野辰之作詞・岡野貞一作曲による文部省唱歌。談志は童謡が大好きで、この歌を特に気に入っていた。「君が代ではなく、この歌を国歌にしてもいい」とまで言い切っていた。ほかに「里の秋」を「薗田憲一とデキシーキングス」の演奏で聴くのも好きだった。童謡に対する熱い思いから『童謡咄』という本も書いていた。

ふるさとのはなしをしよう
【ふるさとのはなしをしよう】

北原謙二の歌。作詞・伊野上のぼる、作曲・キダ・タロー。談志が大好きな歌でいつの頃からか「浅草の唄」とともに立川流新年会のエンディング曲の定番となった。

プレストン・スタージェス
【ぷれすとん・すたーじぇす】

Preston Sturges。1898年8月29日～1959年8月6日。アメリカの映画監督、脚本家。二転、三転する痛快なコメディ映画を得意としていた、談志の好きな監督だった。なかでも『サリヴァンの旅』は一緒に試写会で観させてもらったが、談志は心の底から笑っていた。あんなに笑っていた談志を見たのはそれが初めてだったと思う。なおかつこの作品は根底に「喜劇の素晴らしさ」も訴えていたこともあり、号泣に近いほど涙目になっていたものだった。ほか『パームビーチ・ストーリー』、『レディ・イヴ』なども談志好みの作風だった。

フレッド・アステア【ふれっど・あすてあ】

1899年5月10日～1987年6月22日。アメリカの俳優。ダンサー、歌手としても有名で、言わずと知れた「伝説のタップダンサー」。1930年代から50年代にかけての時期がハリウッドのミュージカル映画の全盛期に当たるが、アステアはその立役者。研究熱心なことに定評があり、一つの映画を撮るのにタップシューズ100足をダメにしたとのこと（ミッキー・カーチスさん情報）。80代半ばになってもステップの追求に余念がなく、マイケル・ジャクソンから「ムーンウォーク」を習ったという逸話もある。

談志の憧れの中の憧れの人であり、1957（昭和32）年に来日した際、談志は銀座でたまたまアステアに邂逅（かいこう）し、サインをもらったことを生涯自慢していた。「アステアが小さん師匠と仲直りしなさいと言ってステップ踏んでくれたら、俺は謝ってもいい」とまで語っていた。

文化と文明【ぶんかとぶんめい】

「不快感の解消を自分の力でやるのが文化で、他人の作った出来合いのものでやるのが文明」と、談志は定義していた。徹底した「アンチ文明」の側に立とうとしていたのだ。「しわいや」という落語の中で、「扇子を仰ぐと壊れる可能性が高まるので、もったいないからと扇子を顔の真ん中に置き、顔を左右に振って涼感を覚えようとする奴が出てくるが、これぞ文化と言っていた。すなわち「ケチは文化なのだ」と。

文七元結【ぶんしちもっとい】

落語の演目。三遊亭圓朝の創作人情噺。かつてはこれができれば一人前ともいわれていた。歌舞伎でも演じられている。幕末から明治初期。薩摩・長州の田舎侍が我が物顔で江戸を闊歩（かっぽ）している頃、江戸っ子の了見を訴えるために圓朝が作ったという。

「娘を売ってこしらえた五十両を、見ず知らずの若者の命を助けるために渡してしまう」行為を美徳とするのが凡百の落語家の捉え方だが、談志はそれ自体博打と捉えて、さらなる深みを与えている。非常識側からのアプローチを常に心がけていた、談志の生き様そのものであった。いや、美談をきちんと語ることのできた談志のテクニックがあればこその芸当でもあった。ほんと人情噺が“大嫌いな”人だった。

文房具屋で売っているようなもの信用しているのか？

【ぶんぼうぐやでうっているようなものしんようしているのか？】

落語「やかん」の中でのご隠居さんのセリフ。「地球は丸い」という八公に対し、ご隠居さんが、「いや丸くはない！」と言い張る。「だって、地球儀って丸いっすよ！」と言った八公に向かって、このセリフを吐く。

決して文房具屋さんをバカにしているわけではないので誤解なきよう。「主観長屋」に通じるこのセリフこそ、イリュージョンなのである。キャラとシチュエーションとセリフとタイミングなどというさまざまな条件が合致した瞬間に、別次元に行く感覚がイリュージョンの醍醐味である。

ペットブーム【ぺっとぶーむ】

談志自身、一度犬を飼ったことはあるとのことだが、以来ペットにはまるっきり興味を持たず、ペットブームを冷ややかに見つめていた。現代では、ペットの葬式はもちろん、結婚式まであるという。

ペットのジョークとして談志が好んでいたのが、道を歩いていると向こう側から大きなブルドッグを連れて歩いてくる人がいて、反対側から小さな黄色い犬を連れて歩いてくる女の子がいた。「おねえちゃん、危ないよ、このブルドッグ食いつくよ！」。意に介さず近づく女の子。「ほんと危ないって！」。やがてグシャン、バリバリバリバリ。で、よく見たらブルドッグのほうが嚙み殺されていた。「おねえちゃんちの犬、強いね。うちのブルドッグ、負けちゃった。なんていう種類の犬？」と聞くと「尻尾切って黄色いペンキ塗る前はワニだったの」。

ベトナム料理【べとなむりょうり】

料理好きで、家にいるときはほぼ自炊していた談志だった。中でも「ベトナム料理」は得意としていて、「ベトナム風生春巻き」を知人や弟子にも振る舞っていた。冷蔵庫に残っていた食材を細かく切って、ライスペーパーを霧吹きで柔らかくしたもので包み、しゃぶしゃぶ用のごまだれやらポン酢やらマヨネーズやら、自分で作ったソースをつけて食べるのだが、ほんと美味しかった。レモンの皮なども捨てないで千切りにして使ったりしていた。

要するに「手巻きの生春巻き」。食べ物を決して無駄にしない談志ならではのオリジナル料理だった。

侯孝賢【ほう・しゃおしぇん】

1947年4月8日〜。台湾の映画監督。談志が好んだ映画監督。『冬冬の夏休み（冬冬的假期）』（1984年）を特に愛していた。おそらく少年時代の追憶からではなかろうかと推察する。ほかの作品は『童年往事 時の流れ（童年往事）』（1985年）『恋恋風塵（戀戀風塵）』（1987年）、『悲情城市』（1989年）など。エドワード・ヤン監督らとともに台湾ニューシネマを担う。

暴力否定主義【ぼうりょくひていしゅぎ】

談志には軽いゲンコツすら、もらったことはなかった。「落語家なんだから言葉でわからせろ」という基本的な姿勢があったからだ。

逆に「お前俺の頭、叩いてみろ」と言われたことがある。「漫才のボケとツッコミの実演」を教えてもらっているときのことだった。無論、遠慮しいしい軽めに師匠の頭を叩かせてもらったっけ。弟弟子たちからは羨望の眼差しを浴びてしまった。

ボコチン【ぼこちん】

ポコチンではなくボコチンと、談志は呼んでいた。談志の定義では、あくまでも男性限定の話だが、「ボコチンを出せるか出せないかで人間性は測れる」と豪語していた。

「人間を観る基準の大切さとしてそこには、ハレンチという一点で捉えられないセンスのことで、度胸、その場の雰囲気、てめえの身分、自尊心などなどすべての源になり得る推量の一つの手段」とまで言い切っていた。

実際出した人として、たけしさん、森本レオさん、出せそうな人として横山ノックさん、伊集院静さん、高田文夫さんらを挙げ、鶴瓶師匠は言わないうちから出すだろうと想像していた。逆に上岡龍太郎さんや、桂文枝師匠は出せまいとも……。

ホンコンやきそば【ほんこんやきそば】

エスビー食品が1964（昭和39）年に発売した袋麺型のインスタント焼きそば。談志が二つ目時代の小ゑんの名で、中華の料理人風の姿でコマーシャルに出演し、「『ホンコンやきそば』はホンコンにうまいよ！」と言っていた。現在でも、北海道、宮城県、大分県の一部で販売されている。弟子ならば一度は食べてみたいものである。

舞の海秀平【まいのうみ・しゅうへい】

1968（昭和43）年2月12日〜。元大相撲力士、最高位は東の小結。出羽海部屋。現在はNHK大相撲の専属解説者であり、タレントとしても活躍。本名は長尾秀平（ながお・しゅうへい）、愛称は舞ちゃん、シュウヘイ。小兵ながら、多種多彩な技を繰り出して大型力士を翻弄する様で大人気。「技のデパート」「平成の牛若丸」と称された。

談志は則子夫人ともども、舞の海のトリッキーな相撲の大ファンで、則子夫人が舞の海が「内無双（うちむそう）」で勝ったとき、「パパ、内無双ってどんな技?」と聞いた。そこで「お前、ちょっと来い」と言われて、筆者は談志と四つに組んで内無双をかけられたことがある。引退相撲のポスターの題字は談志が担当した。

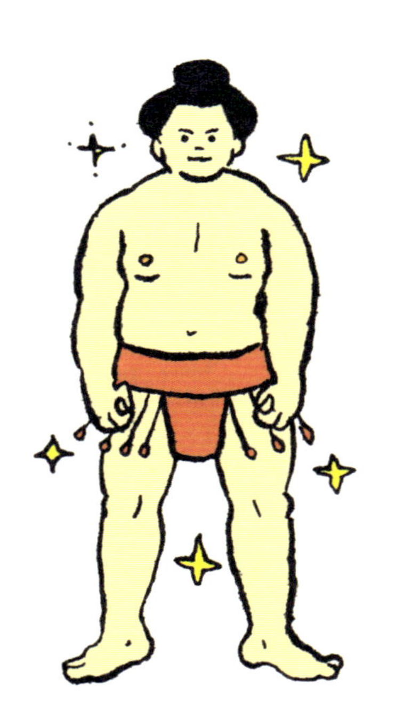

マクラ【まくら】

落語用語。噺に入る前の冒頭の導入部分をいう。大概、落語によってほぼ定型的なマクラが決まっていた。「饅頭怖い（まんじゅうこわい）」ならば「十人寄れば気は十色（といろ）」、「たらちね」ならば「縁は異なもの味なもの」といった具合に。

そんな中、いきなり時事ネタやらオリジナルの世界観を訴えるマクラをガツンと持ってきたのが談志だった。それ以降、落語家はこぞって個性を主張するかのように、自分で作ったマクラを喋るようになっていった。談志が落語家のスタイルを変えたのだった。

孫【まご】

2人の孫娘に恵まれた談志だった。前座を卒業することになる年に生まれた女の子に、談志もことのほか機嫌がよくなり、それに連動して当時の前座たちも救われることになったものだった。子煩悩の人が“孫煩悩”とパワーアップしたのだろう。毒蝮三太夫さんとその頃、「じいちゃんと呼ばせるのは嫌だ」という話になり、蝮さんが、「アニさんと呼ばせれば?」と提案して大爆笑していたっけ。

ま

孫弟子【まごでし】

いわゆる弟子の弟子、祖父と孫との関係。20年以上前に誕生した談志の初の孫弟子・らく坊は残念ながら廃業してしまったが、いまや立川流は孫弟子のほうが圧倒的に多くなってしまった。そして現在、孫弟子・こしらの弟子、かしめがいる。曽孫弟子だ。こうして立川流がつながってゆく。

松岡ゆみこ【まつおか・ゆみこ】

1963（昭和38）年9月17日〜。女優、タレント。本名は松岡弓子（読み同じ）。

談志の長女。1983（昭和58）年、タレントとして芸能界デビュー。師匠そっくりの裏表のないさっぱりしたキャラで、一度「弓子さんが談志を継げばいいのに」と伝えたら「じゃあ上納金を取るから」と返された。著書『ザッツ・ア・プレンティー』（亜紀書房）は談志の亡くなるまでの介護日記として、衰えてゆく談志の切なさとそれを受け入れる家族の愛情がたっぷりと描かれている。涙なくしては読めない一冊。

松平直樹【まつだいら・なおき】

1934（昭和9年）3月22日〜。歌手。和田弘とマヒナスターズのメンバー。談志の愛した美声の持ち主で、よく自分の会のゲストに呼んでいた。「アニさん」とも呼んで慕い、「歌、そして歌の歴史をよく知っている」と、絶大な信頼を置いていた。

ちなみに落語界では先輩のことを「アニさん」と呼ぶ。談志が落語家以外でそう呼ぶのは、松平さんのほかに色川武大さんだけだった。

松曳き【まつひき】

落語の演目。粗忽者の大名とその側用人によるドタバタ噺。殿様のみならず、お付きの三太夫までもがスーパー粗忽。殿様という上級階級が粗忽だったという意味では「粗忽の使者」と同じ流れか。談志十八番のうちの一席。

この噺こそ、「イリュージョンだ」と頻繁に言っていた。姉なんか本来はいないのに、いないはずの姉の死を悲しむ、志ん生ならぬ“心象”風景こそが、イリュージョンなのだろう。

松本人志【まつもと・ひとし】

1963年（昭和38）年9月8日〜。日本を代表するお笑いタレント、漫才師、司会者、映画監督、作家、コメンテーター。お笑いコンビ・ダウンタウンのボケ担当。相方は浜田雅功。愛称は松っちゃん。談志はその話芸を「まさにイリュージョンだ」と大絶賛していた。松本自身も、なんば花月での談志の「天皇ネタ」に非常なる衝撃を受けたと言っていた。

松元ヒロ【まつもと・ひろ】

1952（昭和27）年10月19日～。ピン芸人、パントマイマー。鹿児島実業高等学校、法政大学時代とも駅伝に熱中していたが、髪型をめぐって先輩部員の怒りを買い、退部に追い込まれた。この出来事から「自由にものが言えるような活動を」と、パントマイムの世界を志したという。その後、ばんきんや、石倉チョッキと「笑パーティー」を結成。解散後はコントグループ「ザ・ニュースペーパー」に参加したのち、ピン芸人として活躍。

談志が最後にその舞台を見届けた芸人。「いい芸人になった」と絶賛していた。筆者の真打ち披露パーティーで得意ネタである「パントマイムで送るニュースと天気予報」を見た談志が大絶賛し、以後自分の会などでゲストとして招くようになる。筆者は「ヒロ松元を呼んだお前を評価してやる」とまで言われた。虎の威を借る狐であった。

松山恵子【まつやま・けいこ】

1937（昭和12）年4月10日～2006（平成18）年5月7日。演歌歌手。本名は岡崎恒好（おかざき・つねこ）。「お恵（けい）ちゃん」の愛称と圧倒的な歌唱力で大衆をときめかせた談志の大好きな歌い手だった。晩年まで可憐（かれん）なイメージを貫き、フリフリのドレスに身を包んでいだ姿は「歌うフランス人形」とまで評されていた。

マムシさん語録その1

【まむしさんごろくその1】

「マムシは、俺からの問いかけにすぐ返すんだ」と談志は、いつも感心し続けていた。

「小さん師匠は愚鈍なんです」というと、即座に「たぬき愚鈍だな」。「こういう場合、ニーチェならこう言うだろうし、釈迦（しゃか）ならこう言うだろう。おいマムシ、キリストならなんて言うかなあ?」「決まってるだろ、キリストだけにイエスかノーかだよ」。「お袋、手の骨折っちゃってな」「じゃあ歩けねえな」「何言ってるんだよ、手の骨だって言ってるだろ!?」「だから、這って歩けねえだろ」。

マムシさん語録その2

【まむしさんごろくその2】

とある女性タレントが大嫌いだった談志。「あいつがそばに来るとチンボコが腐りそうな気がするんだ」。するとマムシさん、「そりゃ向こうにしてみれば、人には言いにくい嫌われ方だなあ」。これを聞いて談志は爆笑していた。「たしかになあ、『談志さん、私のことが嫌いなんですって。なんでも私がそばに寄るとチンボコが腐りそうな気になるんですって』ってそりゃ言いにくいわ。お前らよく見とけ、これがこいつのすごさだ!」。

談志亡き後、長生きしていただきたい方のお一人だ。

漫才の基準【まんざいのきじゅん】

漫才にも談志なりに基準があって、いい悪いを判断していたのだが、夢路いとし・喜味こいし先生とは、その価値観を共有していたようだった。以下、談志が評価していた漫才は「中田ダイマル・ラケット」「玉川一郎・ミスワカナ」「海原お浜・小浜」「漫画トリオ」「松鶴家千代若・千代菊」「あした順子・ひろし」など。

満州想えば【まんしゅうおもえば】

談志の好きだった歌。歌は谷真酉美、作詞は高橋鞠太郎、作曲は大村能章。1936（昭和11）年の歌。筆者は前座後半期、とにかく聴き込もうと思い、音丸の音源を図書館周りして集め、10回以上リフレインするテープをこしらえて、擦り切れるほど聴き続けた。それは談志の死後に弟子入りした当時前座だった平林に受け継がれ、彼は2年で前座をクリアした。

音丸の歌い方は、端唄・小唄と歌謡曲との中間に位置するような感じで、そこを談志が好んでいたのかもしれない。「その中心を押さえれば、端唄・小唄の鼻唄ぐらいなら歌えるだろう」という見方をしていたフシがある。筆者は音丸の丸暗記で、前座時代にケリをつけたようなものだった。

満州を返せ【まんしゅうをかえせ】

談志がサインに記したある種極論。「我慢して喰え」と同等に、「受け取る人のギャグのセンス」を見ようというチェック機能の役割もあった。このサインを見て怪訝そうな顔をする人とは、そこまでの付き合いにしようというような意志が働いていたのかもしれない。こういう茶目っ気がまた談志のたまらない魅力の一つだった。

三方ヶ原軍記【みかたがはらぐんき】

講談の演目の一つ。元亀3（壬申）年12月22日（1573年1月25日）に、遠江国敷知郡の三方ヶ原（現・静岡県浜松市北区三方原町近辺）で起こった武田信玄と徳川家康・織田信長の間の戦。家康側敗退の場面、俗に「修羅場」と呼ばれる立川流の二つ目昇進基準の語りを学ぶべきテキスト。本当は講談師になりたかったという談志は口演で、「五色備え」、「紋尽くし」などの部分を徹底的に覚えたものだった。「三方ヶ原」が前座の修羅場ならば、四十七士の奮闘を描いた「二度目の清書き」は、二つ目の修羅場とされている。

三木武夫【みき・たけお】

1907年（明治40年）3月17日〜1988年（昭和63年）11月14日。政治家。第66代内閣総理大臣。談志は三木内閣の1975年（昭和50年）12月26日〜1976年（昭和51年）1月26日まで約1か月もの“長期間”にわたって、沖縄開発政務次官を務めた。

ミッキー・カーチス【みっきー・かーちす】

Mickey Curtis。1938（昭和13）年7月23日〜。タレント、ロック歌手、俳優。出生名はマイケル・ブライアン・カーチス（Michael Brian Curtis）だが、帰化後の戸籍名は加千須ブライアン（かちす・ぶらいあん）。そのほか、作詞家：川路美樹（かわじ・みき）、レーサー：ブライアン・カーチス、落語家：ミッキー亭カーチスと、各方面に名前を持ち「多彩な才能に恵まれたマルチタレント」の典型。80歳を過ぎてもなお、個性的な演技を発揮。

山下敬二郎、平尾昌晃らと「ロカビリー三人男」として日劇ウエスタンカーニバルに出演、一世を風靡。そのとき舞台で落語をやっていたのを客席で観ていたのが若き日の談志だった。その後談志に再び声をかけられ、落語家としても活動開始。1998（平成10）年立川流Bコース真打ち昇進を果たす。ミッキーさんが落語家として精進し始めた時期、筆者は談志に「ミッキーに可愛がってもらえ」と言われ、前座をつとめていた時期もある。役者として使っていただいた恩人。多趣味な粋人。

三島由紀夫【みしま・ゆきお】

1925年（大正14年）1月14日〜1970年（昭和45年）11月25日。小説家・劇作家・随筆家・思想家。本名は平岡公威（ひらおか・きみたけ）。名前を知らない人はいないほどの戦後日本文学を代表する作家の一人。思想活動にも熱心。ノーベル文学賞候補にもなった。

談志は三島の『午後の曳航』を愛読していた。市谷の自衛隊基地で割腹自殺を遂げたとき、「チキショー、やりやがったな、俺はどうやって死のうか」と呟（つぶや）いたという。

三橋美智也【みはし・みちや】

1930（昭和5）年11月10日〜1996（平成8）年1月8日。演歌歌手。本名は北沢美智也。「ミッチー」の愛称で親しまれた。民謡で鍛えた高音の美声で昭和の歌謡界を担う。数多くのミリオンセラーを有し、トータル販売枚数は1億枚を超える。談志がこよなく愛した歌手の一人。「あの娘が泣いてる波止場」「達者でナ」「哀愁列車」「おんな船頭歌」「古城」など多くの歌を好んでいた。同じく三橋美智也好きで、小さん一門の後輩に当たる柳亭市馬師匠も談志は可愛がっていた。

美弥【みや】

銀座6丁目にあった談志の行きつけのバー。2016（平成28）年12月に閉店。東京五輪の1964（昭和39）年に開店し、52年もの歴史があった。店内には訪れた各界著名人の千社札が壁面にぎっしり貼られていた。「ひとり会」をはじめとした独演会、落語会の打ち上げ、テレビや雑誌の対談などで、よく談志は使っていた。キウイ兄さんがバーテンとして前座時代から長年にわたって勤務していた。並びにある「東生園」という中華料理店から頼む餃子が好きだった。二つ目、真打ち以上が店内で座って酒が飲めて、前座は中で働くか外で立って待つかと身分制度がはっきり見える場所だった。「早く美弥の中で座って飲みたいな」と前座時代は思ったものだった。一門の弟子たちが元気な談志を囲んだ最後の場所だった。

未来とは修正できると思っている過去
【みらいとはしゅうせいできるとおもっているかこ】

談志の定義。とにかく、夢とか希望とか愛とか真心などという好感度しか売り物にならないタレントさんたちが一般的に書くような言葉全部が嫌いだった人だった。好感度タレントの逆張りこそが談志の真骨頂だった。

「未来なんて何もしてない奴になんか訪れるわけない」、つまりは「現実が事実」という根底にある考え方からつながった言葉であるように思う。「修正できると思っているうちに過去になってしまう」、それが時間の怖さなのだ。時は金なり。談志が言うからこその重みのある言葉だ。

美弥の店内で。右から3人目が談志。（『週刊平凡』より）

村上書店【むらかみしょてん】

談志が幼き頃通っていた、鵜の木駅前の貸本屋。現在も古書店としてブック・マーク村上書店の店名で営業中。2代目が談志の小学校の一つ上。当時流行りの『少年倶楽部』を借りて貪り読んでいた。読書少年で江戸川乱歩の「少年探偵団」シリーズにハマっていた。戦後『少年講談全集』、それから『落語全集』へとつながってゆく。練馬のトイレにはいつも本が数冊は置かれていたものだった。

む

村松友視【むらまつ・ともみ】

1940（昭和15）年4月10日～。作家、元編集者、エッセイスト。『私、プロレスの味方です』がベストセラーとなる。1982（昭和57）年、第87回直木賞を『時代屋の女房』で受賞。談志とはそれほど深いつながりはなかったが、何かの対談のときに、談志を評して「落語に対して『悪女の深情け』になっている」との名言を吐いた。談志はこのことについて、しごく納得していたものだった。

メモ魔【めもま】

談志はメモ魔だった。お付きの弟子は談志と行動をともにするとき、財布や電話帳などの貴重品の入ったポシェットを携えてゆくのだが、「メモしろ」とよく指示が下ったものだった。自らメモを取るというよりも、そばにいた弟子にメモを取らせていたものだ。

筆者が付いていたときにメモしろと言われたのが、「個性は迷惑」という言葉だった。この言葉を深く考察した結果、いまでは本にも書けて、また講演でも喋るネタとなっている。談志の言葉はどれも深いのだと思っていて、先日長男坊にこのことを話すと、「それはさ、そばにいたパパの個性がただ単に迷惑だっただけじゃないの?」と言われてしまった。うわっ、これが真実かもしれない。

持ったが病【もったがやまい】

ことわざ。「持たなければ何もなかったものをなまじ持ったばっかりに、いらぬ苦労をするということ」。山藤章二さんが常に自分の意見を言いたがる談志を評して、見事にそう言っていた。落語論から時事ネタ、文明論、古典落語の解説に至るまで、すべて病的なまでに自分の主義主張を唱えないと気がすまないまんま一生を終えてしまった人だった。そう、一連の言動はすべて、病からだったのだ。

そんな病に感染したのが直弟子であり、孫弟子であり、そして談志マニアのお客様だったのだろう。談志パンデミック。こんな病を背負(しょ)い込んでるからこそ、筆者はこんな本まで書いてしまうのだ。まるで救いを求めるかのように。

ものになりそうな奴には怒鳴るほうがいい

【ものになりそうなやつにはどなるほうがいい】

談志がよく言っていた言葉の一つ。「つまり、談志から怒られたということは、自分がものになりそうだからだ」と前向きに考えて、弟子たちは修行に励んだものだった。才能というより我慢比べの様相を呈していた。ものになったかどうかは別にして、忍耐力はつけさせていただいた。

モノマネの小噺【ものまねのこばなし】

談志が得意としていた小話。ある芸能事務所に、「私を雇ってほしい」と男が訪ねてくる。「どんな芸ができるんだ?」と聞くと、「私は鳥のモノマネがうまいんです」と言う。「あのね、いまどき、そんなのは誰でもできるの!」「いや、ほんと私、うまいんです!」「だめだめ、そんな程度じゃとても雇えない!」。男は残念そうに、「そうでしたか、ならば仕方ないです。ありがとうございました。さようなら」と言って、窓を開けて羽根を羽ばたかせて飛んで行ってしまった。

物忘れの激しい人の小噺【ものわすれのはげしいひとのこばなし】

お医者さんと患者さんとの会話。「先生、私、物忘れが激しくて困っています」「それは大変ですね。いつからですか?」「なんの話ですか?」。粗忽者のマクラなどでよく振っていた。

百川【ももかわ】

落語の演目。日本橋浮世小路に明治初期まで実在した百川という料亭が舞台になっている噺。百兵衛さんという田舎者の話を聞き間違え、また今度は百兵衛さんが逆に言い間違えて、それぞれ騒動が起こる。圓生師匠の十八番で、談志は自らはやらない噺だったが「この噺こそ圓生師匠」と語っていた。

百瀬博教【ももせ・ひろみち】

1940(昭和15)年2月20日～2008(平成20)年1月27日。作家、詩人、格闘技プロデューサー。総合格闘技「PRIDE」を支援していたこともあって、「PRIDEの怪人」とも呼ばれていた。

立教大学卒業。相撲部OB。赤坂にあった高級クラブ「ニューラテンクォーター」を通じて力道山、石原裕次郎が出入りした店のボディガードをつとめる。豪放磊落な人柄で、談志はとても懇意にしていた。筆者はお友達の女優さんを通じて可愛がっていただき、真打ち昇進披露パーティーにも発起人として名を連ねていただいた。「一万もらったら人にやれ。そのときには一万以上の笑顔をもらえるぞ」とアドバイスを承ったが、なかなか実践できずにいる。

桃太郎【ももたろう】

落語の演目。通常の桃太郎のおとぎ話をするとすぐ寝てしまい「近頃の子供は罪がなくていいもんだ」というのは昔の話。きょうびの子供はそんなんじゃ寝ないと言って、「昔々」「いつの話?」「あるところに」「場所はどこ?」と、いちいち突っ込んできては、しまいには「おじいさんが山にいるのは父親の恩が山よりも高いこと、おばあさんが川にいるというのは母親の恩が海よりも深いことを表現していてな」などと桃太郎の解説をしてしまう。

なるほどなあと大人が感心していると、逆に今度は大人が寝てしまい、「近頃の大人は罪のないもんだ」と、あべこべになるオチ。談志は後半の子供の応対が「文明側の理屈で嫌だ」と言っていた。何年か後にこの父親が孫に「そうだよ、昔々でいいんだよ、あるところでいいんだよ、おとぎ話なんだから」と救われる展開を想定していた。我々への課題だろう。

森繁久彌【もりしげ・ひさや】

1913（大正2）年5月4日～2009（平成21）年11月10日。俳優、歌手、コメディアン、エッセイスト、元NHKアナウンサー。「しれとこ旅情」の作詞、作曲も担当。日本の芸能界を代表する人物。

談志はずっと敬愛し続けていた。「日本最高の喜劇役者。俺がさらに評価しなければいけない立場だ」とさえ言っていた。談志がもっと長生きしていたらこういう人のようになっていたはずだと思う。いつ頃だったか、「俺が町を歩いていたら、『おい、談志!』と呼ぶ声がする。誰だ、偉そうにと振り返って見ると、森繁だった。なら仕方ねえわな」と言っていたっけ。

森本レオ【もりもと・れお】

1943（昭和18）年2月13日～。俳優、ナレーター、タレント、声優。本名は森本治行（もりもと・はるゆき）。低めの落ち着いた声が魅力。ダチョウ倶楽部の肥後克広のモノマネレパートリーの一人としても認知されている。談志は「俺がチンボコ出したら、向こうも出してきた」と無邪気に絶賛していた。

行

八重垣煎餅【やえがきせんべい】

談志の愛した煎餅屋さん。「八重垣煎餅 下町の華也」と、いまでもこの談志の言葉とイラストが印刷された紙袋を使用している。談志が住んでいた同じマンションの1階にその店はあるが、100年近く続く老舗でありながら、ペペロンチーノ、ブラックペッパーなどとトッピングも現代的に攻めている。「伝統を現代に」、これも談志イズムなのかも。やはりアップデートがどの業界でも必要なんだなあと感じる。

筆者が前座の頃、談志の動向に関しては、こちらのご夫婦からの情報が非常に貴重だった。早めに行ってしまったとき、「師匠、まだ寝ているよ」などと教えてくれる。そこで、少し時間を空けてから伺うなど、きめ細かな対応が可能となったものだ。筆者は煎餅ならぬ、手を焼かせた弟子であった。

やかん【やかん】

落語の演目。談志イリュージョン満載の十八番（おはこ）。「やかんは俺が作った」とまで言い切っていた。根気よく問うという、いわゆる「根問（ねど）いもの」。

談志はここでのご隠居さんを「思考ストップ」とみて、めちゃくちゃな解釈をさせるところから、地球儀に対して「お前、まさか文房具屋で売っているようなものを信用しているんじゃないだろうな」という、あの有名な見事なイリュージョンを展開している。

八公の常識に対しての隠居の非常識なる対応に、常識側である観客の感性が揺さぶられる瞬間こそ、イリュージョンなのかもしれない。談志の落語はある意味「オーロラツアー」。それが必ずしも見られるわけではないけれども、見られた瞬間に類い稀なる僥倖をみんなで噛みしめることができるものだった。この落語はそんな頻度が高かった。談志の初高座のネタだった「浮世根問」が、後年「やかん」へと進化したような格好か。

野球好き【やきゅうずき】

「3–0を一発でひっくり返せるスポーツの楽しさ」と、よく言っていた。「センター前ヒット、ライト前ヒット、内野安打で0点はどんなとき?」などという野球の展開をクイズ形式にしたりして、打ち上げなどで出していたものだった。談志なりのベストナインなどもよく選んでいて、「ピッチャーは広島の長谷川良平、キャッチャー大洋の土井淳か古田敦也、ファーストは飯田徳治、セカンドは千葉茂、サードは宇野光雄、ショートは苅田久徳、外野は毒島章一、福本豊、大下弘」などと。

ヤクザ【やくざ】

談志はヤクザとのプライベートでの付き合いは少しだけあったが、仕事では一切つながりはなかった。これは亡くなった談志の実弟で、立川企画の社長だった松岡由雄さんも言っていた。一度、銀座はソミドホールの楽屋に一目でヤクザとわかる2人組がやってきて、談志に100万は入っているであろう祝儀袋を差し出した。談志は即座に「勘弁してくれ。ヤクザからカネをもらうわけにはいかねえんだよ」と、キッパリ拒絶した。すると2人組は笑いながら「これは失礼しました」と取り下げた。「かっこいいなあ」と思ったものだが、後で「あー、もったいなかったかもなあ」と、笑っていたっけ。

弥太郎笠【やたろうがさ】

談志の愛した子母澤寛の小説。「りゃんこの弥太郎」というヤクザ渡世の主人公の股旅物。「江戸弁の原点はこの本にある」と、談志は言っていた。「沙汰もねえ」なんて言葉、使ってみたいなあ。

奴さん【やっこさん】

江戸末期から明治初期にかけて流行った端唄とその踊りの一つ。寄席で人気が出た踊りで、座布団をどかしてできただけのスペースで気軽に踊れるところから、かつては落語家も一席終わった後のお座興で踊ったものだった。

立川流の二つ目昇進が他団体に比べて異様に長かったのは、歌舞音曲の基準が高くなっていったことによるものだが、そもそも一番の理由は、談志が晩年唱えた「江戸の風」という概念にあるかと思う。このコンセプトの共有こそ、談志からの信頼へとつながっていった。歌舞音曲は、江戸の風を吹き起こすための装置だったのだと、いまさらながら思う。

宿屋の仇討ち【やどやのあだうち】

落語の演目。「三木助師匠が絶品だった」と、談志はよく述懐していた。場所は神奈川宿。3人旅の一行が芸者、幇間（太鼓持ち）、相撲の真似事やらでうるさい。隣にいる侍がその都度、宿屋の奉公人である「伊八!」と呼びつけるから、伊八当人もたまったものではない。女の話で静かになったと思ったら、そこから転じて上州高崎藩の指南番の奥方とデキてしまい、その奥方と弟を殺したというほら話をする。聞いていた侍は「自分こそその指南番。いま仇を探している最中。明朝3人を刺して血煙を上げる!」と血相を変えたので、慌てて奉公人総出で3人を縛り上げた。

翌朝、侍は全部嘘だと告白する。「なんでそんな嘘をつくんですか?」「おかげで拙者ぐっすり眠ることができた」。「隣の人は差してますよ」「かんざしか?」、「血煙は他の煙とわけがちがう」など珠玉のセリフの宝庫。

「ひとり会」の前座は一門の兄弟子が務めていた時期があって、談志はいつも遅くに入るので、その日は立川ぜん馬師匠が「宿屋の仇討ち」をかけてつないでいた。かなり調子よく語っているところに、談志の声で「ぜん馬!　ぜん馬!」とこの落語の「伊八!」に合わせる形が入ったもので、観客は大爆笑。「この続きは私の独演会でやります」と、途中で下がらざるを得なくなったぜん馬師匠だった。

柳家小さん【やなぎや・こさん】

5代目。1915（大正4）年1月2日～2002（平成14）年5月16日。落語家。落語協会会長。本名は小林盛夫（こばやし・もりお）。温厚な人柄で知られるも、落語に一家言を持つ“落語界の好々爺”。

談志の師匠であり、落語家として初の人間国宝となった。ネタが豊富で滑稽噺の第一人者。直弟子、孫弟子、曽孫弟子を合わせると落語界でも最大の数。

筆者は、談志と小さん師匠との最後の喧嘩を目撃している。場所は日比谷、「桂南光襲名披露落語会」の楽屋だった。談志が「このあたりまでなら師匠は許してくれるだろう」という甘えが感じられるほどのものだった。小さん師匠も、勘当したドラ息子との久しぶりの対面だったはずなのに、やはり激怒してしまったのだ。その場にいた桂米朝師匠が取りなしてくれたが、桂枝雀師匠はこういう事態を予見して、その場からすぐ去って行ってしまった。

柳家小半治【やなぎや・こはんじ】

1898（明治31）年6月15日～1959（昭和34）年1月9日。談志が好んだ音曲師。出囃子は「猫じゃ猫じゃ」。持ちネタの一つ「さのさ」は、談志がほろ酔いになるとよく声色を真似ていたものだ。筆者は前座から二つ目になろうとしているとき、テープが擦り切れるまで聴き込んだものだった。

柳家権太楼【やなぎや・ごんたろう】

初代。1897（明治30）年10月20日～1955（昭和30）年2月8日。落語家。本名は北村市兵衛。師匠は初代柳家三語楼。代表作に「のらくろ」の田河水泡作「猫と金魚」。師匠譲りのナンセンス落語を受け継ぎ、「爆笑王」とまで評された。談志は師匠の初代三語楼とともに、「権太楼こそイリュージョン」とまで言い切っていた。

柳家三語楼【やなぎや・さんごろう】

初代。1857（明治8）年3月～1938（昭和13）年6月29日。本名は山口慶三（やまぐち・けいぞう）。

大正期を代表する落語家。横浜生まれであり、実家は運送業という環境もあって、小さい頃から英語に接し、当時の噺家としては類い稀なほど英語が堪能だった。噺のマクラに英語を入れるなどの“ハイカラ”ぶりや、ナンセンスな描写などを果敢に取り入れて人気を博す。のちに当時の東京落語協会を脱退し、「落語協会」、俗にいう「三語楼協会」を設立した。一時期、弟子だった5代目古今亭志ん生の次男、のちの古今亭志ん朝の本名「強次」は三語楼が名付け親といわれている。

談志は晩年、音源をチェックし、志ん生の原点を三語楼に見出し、「これぞ落語」と絶賛していた。

柳家三亀松【やなぎや・みきまつ】

初代。1901（明治34）年9月1日～1968（昭和43）年1月20日。音曲師、都々逸、三味線漫談家、粋談。本名は伊藤亀太郎（いとう・かめたろう）。出囃子は「佃」。1962年設立の東京演芸協会会長で、柳家金語楼と並び吉本興業の看板となる大スター。「池之端の師匠」と呼ばれていた。

談志はその艶っぽく、また粋な芸風をとことん愛していた。筆者が談志から都々逸の合格をもらった際のベースは、こちらの師匠の音源だった。

薮入り【やぶいり】

落語の演目。奉公制度が残っていたころの噺。3年ぶりに親子が対面する情愛を描いているいい話なのだが、談志は「とにかく古臭い」と言って嫌っていた。照れもあったのだろう。そんな距離感だったからこそ、あえて筆者は真打ち昇進トライアルの際、このネタで挑んでみた。後日「俺はあんなつまらねえ噺はやらねえがな、もし万が一やるとしたら、お前と同じ演出になる」と言っていた。ちなみに、新しいオチまで考えてくれていたようだ。あれほど照れずに「芝浜」をやる人だったけど、人情噺全般は嫌っていた。

山藤章二【やまふじ・しょうじ】

1937年（昭和12年）2月20日～。似顔絵作家、風刺漫画家、イラストレーター。対象者の一番いきいきとした表情を見事に捉えた似顔絵、そして幼い頃から通った寄席演芸に対する造詣の深さから、談志が全幅の信頼を寄せていた。とりわけ「談志・志ん朝」の比較論は素晴らしかった。独演会の打ち上げなどでは同世代、同価値観ということもあり、談志が真っ先に講評を仰ぐほどの、審美眼の持ち主だった。

山本七平【やまもと・しちへい】

1921（大正10）年12月18日～1991（平成3）年12月10日。評論家、作家。クリスチャンでもあった。山本書店元店主。談志がその思想を信奉していた保守的な思想家の第一人者でもある。「日本人とは?」「日本文化とは?」とを常に唱え続けていた。「日本教」、「空体語と実体語」などの山本独自のキーワードを基に、談志は世相を分析していたものだった。

山本晋也【やまもと・しんや】

1939年（昭和14）年6月16日～。映画監督、タレント、俳優、リポーター。本名は伊藤直（いとう・ただし）。談志とは一緒に海外旅行に行くほどの仲のよさだった。立川談遊という高座名で立川流Bコースに所属していた。

山本益博【やまもと・ますひろ】

1948年（昭和23年）4月11日～。落語評論家、料理評論家。

早稲田大学の卒論に選んだテーマが「桂文楽の世界」。その完成度の高さから、即商業ベースでの出版となるほどの天才性を若い頃より発揮。談志に傾倒し、世間を騒がせる事件が起きる度、「どうそれを料理するか」と追いかけ続けた。上野・鈴本亭（現・鈴本演芸場）に談志が出演したとき、一人、新聞紙を広げる客がいて、それを不快に思った談志は引っ込んでしまった。客はほとんど帰ってしまったが、「必ず出て来る」と踏んだ山本が待っていると、案の定出てきて残った少ない客を前に、絶品ともいうべき「らくだ」をやったという。これだから談志マニアはやめられないのだろう。これはご本人から直接聞いた話。談志もその見識を頼りにしていた。

湯浅喜久治【ゆあさ・きくじ】

「芸術祭男」と呼ばれた落語プロデューサー。1955（昭和30）年に、「古典落語を妙に細工しないで演じよう」という趣旨でプロデュース、「若手落語会」のメンバーを集める。最初のメンバーは三笑亭夢楽、桂小南、金原亭馬の助、桂小金治、三遊亭玉遊（後の春風亭枝葉）、桂木久助（後の7代目春風亭柳橋）、そして小ゑんだった談志ら当時の若手二つ目。

一流好みの湯浅はプログラムの題字を武者小路実篤に依頼したり、客として小泉信三、久保田万太郎、志賀直哉を呼んだりした。若いながらも落語の批評眼を持っていたと談志は評価していた。湯浅の死後、妙な平等主義を感じた談志は「若手落語会」から去ってゆく。

幽女買い【ゆうじょがい】

談志が発掘した落語の演目。「死後の世界で吉原を発掘してしまう」落語家の想像力がすごいと、よく言っていたものだった。談志は声色を使ってあの世の寄席の楽屋風景を描いていた。

ちなみに談志はモノマネがうまく、圓生師匠、志ん生師匠、先代金馬師匠の真似は絶品だった。「了見をまねろ」と、よく言っていた。また、「談志がやる談志のモノマネ」も絶品だった。この噺、筆者はJAL名人会でかけたことがあったが、死を扱うセンシティ

ブな噺ということもあって、機内では流れなかった。確かに、飛行機の中じゃ聞きたくないわなあ。

ユーモアは不幸を忘れさせる

【ゆーもあはふこうをわすれさせる】

談志がよく色紙に書いていた言葉。書く字体にも談志らしさというキャラが立っていた。あの独特の字からして談志らしさが横溢しているようで、そんな筆致で書かれると、どんな言葉でもありがたく受け止めざるを得ないような感じになる。このサイン、悲しい境遇に出くわした方にプレゼントしたことがあるが、本当に喜ばれた。「人の不幸を救う笑いというものにお前は携わっているんだぞ」という、さらなる自覚を促しているような響きすらあった。笑い、特に落語からもたらされる笑いは、やはり素晴らしい。

銭湯（ゆ）が少なくなった

【ゆがすくなくなった】

談志の晩年の嘆き。談志は無類の銭湯好きだった。「銭湯は裏切らない」「湯に入れ」と、のべつ言っていた。談志が志ん生師匠とともに愛した日暮里の「世界湯」という銭湯で歌を歌っていたお巡りさんが、いまでいう音楽プロデューサーに見出されて、芸能界にデビューした。芸名は、お巡りさんの巡を取って「小野巡」。筆者も何度も談志と銭湯に行ったが、裸同士の無防備さからくるおおらかさのせいか、いつも上機嫌だった。

談志から学んだ銭湯の掟は、「どんなに熱くても絶対水で埋めてはいけない」。これは受け継いでいる。自分の子供たちにもつなげてゆきたいな。

湯呑み【ゆのみ】

高座の座布団の右斜め前、要するに談志が右手を伸ばして取りやすい位置に置かれた。中身は白湯（さゆ）。ぬるめにして、半分ぐらい入れたものだった。

いつも思うのだが、高座で湯呑みを手にするのが似合うようになって、初めて落語家らしくなったといえるのかもしれない。また白湯を飲むタイミングも案外難しいものだ。たたずまいって大事だと思う。

ようがす！【ようがす！】

黒門町こと先代桂文楽師匠の口癖。談志が選挙に出たとき、文楽師匠宅前を通過すると、この言葉で応えたという。そして談志が人一倍、この言葉にときめいた。このあたりのお互いのやりとりが、落語リアリズムにつながる小粋な部分なんだと思う。さすが、「らしく、ぶらず」(p.177) の書をしたためる人だと思う。「ようがす！」は、誰もを幸せにする魔法の言葉。

よかちょろ【よかちょろ】

落語の演目。先代桂文楽の十八番（おはこ）。若旦那が、道楽が過ぎて勘当になってしまうことが前提となる噺。

「親父は人間の抜け殻」「生涯せがれで暮らしたい」「へい、女ながらもぉ、まさかのときは〜、ハッハよかちょろ、主に代わりて玉だすき〜、よかちょろ、すいのすいの、してみてしっちょる、味見てよかちょろ、よかちょろパッパッ、しげちょろパッパ。これで45円」などという、談志のいう「落語リアリズム」満載の噺で、談志も文楽リスペクトを兼ねて頻繁に高座にかけていた。

横には行かねえよ【よこにはいかねえよ】

談志は健康診断オタクでもあり、結構まめに通っていた。筆者が前座時代に談志とともに早朝に病院に行くと、エレベーターの前で老婆が談志に「すみません、このエレベーター、上に行きますか？　下に行きますか?」と尋ねてきたときにこの言葉をつぶやいた。確かに間違いはない言葉だ。

横山ノック【よこやま・のっく】

1932（昭和7）年1月30日～2007（平成19）年5月3日。タレント、元参議院議員。元大阪府府知事。本名は山田勇（やまだ・いさむ）。愛称は「明石のタコ」「ノック先生」。上岡龍太郎と轟盛次とで結成した「漫画トリオ」で一世を風靡、ボケとツッコミが目まぐるしく交代し、3人がタイミングよくネタを回し続けるスピード感に定評があった。「小ゑん」だった頃の談志と懇意になり、その縁で立川流のBコースで「立川禿談次」という高座名も持っていた。談志はノックのキャラクターを愛し、大阪府知事失職後もサポートする姿勢を持ち続けていた。

吉川潮【よしかわ・うしお】

1948（昭和23）年8月1日～。作家、演芸評論家、コラムニスト。妻は「粋曲（色物）」の柳家小菊。2014年まで立川流顧問。『談志歳時記～名月のような落語家がいた』で、見事に談志像を描き出している。

幼い頃から根っからの談志マニア。芸に対する洞察の鋭さ、深さ、そして落語家への愛から、談志も晩年までもっとも信頼を寄せることになった作家。筆者をはじめ一門の弟子たちにも愛情が深く、昇進に際してのアドバイスなどを、時に優しく、そして厳しくしていただいた。

吉野家【よしのや】

当時、前座の志加吾（現・雷門獅篭）と小談林（現・バイオリン漫談のマグナム小林）の2人が談志を車に乗せていたとき、上野方面から不忍通りを右折した角の吉野家のあたりで、彼らに「牛丼買ってきてくれ」との指示が出された。語尾が途切れてしまい、はっきり聞き取れなかったとのこと。談志の言葉に「師匠、もう一度おっしゃってください」とは言えない立場が前座。2人は考え抜いて「あの曲がり角の吉野家の牛丼だよ」「でも師匠が牛丼食べますか?」「知らないよ、お前行って来いよ!」。

兄弟子の志加吾が、弟弟子の小談林に吉野家に牛丼を買いに行かせて、届けた。「師匠、牛丼買ってきました」。談志は呆れ果てて「俺は牛乳買ってこいって言ったんだ」。怒りを通り越していたらしい。そこへ則子夫人が「私、前からこれ食べたかったの!」と、助け船を出してくれたとのことだった。

寄席の原風景【よせのげんふうけい】

談志が入門した当時は、敗戦の色がまだ色濃く残る世の中だった。寄席の楽屋もその通りで、談志曰く、その荒(すさ)み具合は「思い出したくない!」とまで言い切っていた。とはいえ、やはり晩年は郷愁も募っていたのであろう、自宅近くの鈴本演芸場の楽屋などに顔を出したりしていたものだった。16歳の少年の原風景としての寄席の楽屋を思い、「俺は自分の世界を作りたい」との思いを増幅させて、理想郷ともいうべき立川流を、その約30年後に作ったともいえるのかもしれない。「俺の理想の落語、そして理想の弟子を」との思いで。

立川流の前座修行が長くなるのは、そう考えてみると、妥当なことだったのかもしれない。

よ

与太郎【よたろう】

落語の登場人物。与太郎が出てくる落語を「与太郎噺」という。落語の中で馬鹿で呑気なキャラを一手に引き受けている大人物。

談志は「居残り佐平次」同様、与太郎を絶大評価していた。同時に凡百の落語家たちが与太郎のその言動から「馬鹿」としか見ていなかった底の浅さを嘆いていた。「与太郎は馬鹿ではない。非生産的なんだ」と主張して、一貫して与太郎の名誉回復のために動いていた。

「馬鹿なやつが、『道具屋』という落語の中の『道具屋お月さま見て跳ねる』なんて言わないだろ」と。そんな談志の思考へのオマージュとして、筆者は『なぜ与太郎は頭のいい人よりうまくいくのか』(日本実業出版社)という本を書いた。「IQより愛嬌(あいきょう)」。ぜひお読みください。実在するなら会ってみたい人物だ。

ライ坊【らいぼう】

談志が愛していたライオンのぬいぐるみ。フェリックスのあのネコのティッシュケースのぬいぐるみも可愛がっていた。前座時代、師匠からの愛情を一手に引き受けているぬいぐるみを見て、真剣に羨ましく思ったことは、一度や二度じゃなかった。

落語チャンチャカチャン

【らくごちゃんちゃかちゃん】

昔流行った「演歌チャンチャカチャン」という曲にちなんで、落語をミックスした一席を、談志は人生の後半期、頻繁にやっていた。余興でもありサービス的なネタでもあったが、落語マニアにしてみれば「あ、いまのはたらちね!」「与太郎噺だ」などと「俺は知ってる」というプライドをくすぐられる快感もあったように思う。

落語に美談はない

【らくごにびだんはない】

江戸っ子の“照れ”の集大成が落語。「いいことをすると恥ずかしい」というのが、「日本教」の中にあったというのが談志の唱えた説。「日本教」というのは、山本七平が唱えた「日本人の中に無意識に過去から通底している世界観」。談志はそんな美談臭を「芝浜」などの人情噺から消そうとずっと闘い続けていた。

落語の青春時代

【らくごのせいしゅんじだい】

筆者が真打ちに昇進したとき、故郷上田での披露口上で、「談慶はいま、落語の青春時代を迎えている」と、最高のはなむけの言葉をもらった。「やがて恋を覚え、コーヒーの味のほろ苦さをたしなんでゆくだろう」と。落語家になって14年で真打ちになったが、あれから、真打ちになるのに要した時間以上が経過した。果たしていま、どのようになってきているのか。談志の言葉はいつも胸の中で響き続けている。師匠、聞こえますか?

落語は江戸っ子の品を語るもんだ

【らくごはえどっこのひんをかたるもんだ】

談志の定義。口は確かに悪かったが、決して品のよくない人ではなかった。「金があればホテルはスイートルーム、飛行機はファーストクラス、新幹線はグリーン車だろうが、それら金で解決できるものと『品』とは別のものだ」と言っていた。自分の欲望をカネで解決しているだけだが、それを恥ずかしいこととしてやらないのが「品」なんだと。そしてそんなカネで解決する奴をバカにして笑うことこそ「落語」なんだと。ついでに「『いい女』とは見た目じゃない」とも言っていた。

落語リアリズム【らくごりありずむ】

談志の定義。世間一般のリアリズムではなく、落語の世界のみで通用し許されているリアリズムのこと。落語家や落語が持っている雰囲気、了見から発生してくるものと、談志は述べていた。

または、落語家独特の「照れ」をそのまま落語の中の人生や生活で表現したものを指す。「片棒」の中で、親父が「お前、おとっつぁんが死んだらどうする?」と聞くと、倅(せがれ)が「おとっつぁんが死ぬ?　よお、よお、よお」というシーンがその具体例。「常識を超えた感情の奥底にある感情」のようなもの。「イリュージョン」の前提条件ともいえる。現実世界ではあり得ない落語だからこそ成立する言動、設定、キャラを総称して「落語リアリズム」と呼んだ。これらをきっちり演じて、かつイリュージョンに対する理解こそが、談志の評価する落語家像であった。

らくだ【らくだ】

落語の演目。長屋の厄介者であるらくだとあだ名される男が死んだ。たまたまやってきた兄貴分の丁の目の半次が、運悪く通りかかった人のいい屑屋(くずや)の久さんに絡んで脅し続けて行くのだが、いざ酒が入ると大逆転。久さんは、半次以上の酒癖の悪さを露呈し、半次を怯(ひる)ませてゆくという噺。談志の十八番。

筆者は談志のこの落語で、弟子入りを決意した。喜怒哀楽すべてを一人で演じ切ってしまう落語のすごさ。そして描き切れてい

る人間の業の深さ。いまでも戦慄が走るほどだった。あれで筆者の人生が変わってしまったのだ。

そしてさらにすごいのはその後年、屑屋が述懐する「雨の中のらくだと遭遇した寂しそうなワンシーン」だ。さらにアップデートさせ続けていたのだった。屑屋は談志のオリジナルキャラクターとなった。

らしく、ぶらず【らしく、ぶらず】

練馬の談志宅の玄関に置かれていた先代文楽師匠の書。前座時代は道場のような存在だった家で、いつも修行中の弟子たちを、この言葉が迎え入れていた。プロは、プロらしく振る舞い、素人さんはプロぶるものだ。プロ意識はこういう環境の積み重ねから醸成されるのかもしれない。さすが無駄のない研ぎ澄まされた芸風である大先輩からの言葉だ。いまさらながらすごいと思う。

吝嗇【りんしょく】

ケチのこと。談志は確かにケチだったが、それがキャラ認知されていたから、そのことで人格がおとしめられるようなことはなかったように思う。「カネをかけて処理するのは下品だ」という考えが伝わっていたからだろう。とにかく、「安上がり」を好んでいた。マリファナなどの薬物ではなく、「蚊取り線香でラリることができるかも」というような発想は、そこから来たものだった。

留守番電話【るすばんでんわ】

最新式の留守番電話を、練馬の一軒家に設置したばかりの頃だった。当時、設置を担当した談之助師匠に、「便利なんだけど、たくさんのいろんな奴からメッセージがある。オレの好きな奴からだけのを再生することはできないか?」という、激しいむちゃぶりをしていたっけ。

冷蔵庫事件【れいぞうこじけん】

筆者が前座初期の頃しでかしたボーンヘッド。談志が長期にわたって国外に出ている期間に、「海外からの土産物なども増えるから、練馬の冷凍庫の霜取りをしておこう。戻って来たときに、『えらい！　あいつら気が利いているな』と思ってもらえるように」と、やっと談志との距離にも慣れてきて、そういう生理をわかり始めた頃合いだった。

だが、好事魔多し。冷凍庫の中身を出して、外国製の強烈なドライヤーでへばりついた巨大な霜を完全に溶かし、元通りに食材を納めたまでは良かったが、肝心のコンセントを差し忘れてしまい、冷蔵庫の中味を全部腐らせてしまったのだ。完全にクビを覚悟したが、「中身が原状回復すれば許す。追って沙汰を下す」という“寛大な”措置が取られた。

が、そこからが談志のすごいところで、伊勢海老、高級マグロなど元来入っていなかった食材までが、そこに加わっていたのだ。築地に顔の利く桂文字助師匠にすがり、なんとか最高級の品々を集めた。唯一残ったのがトビウオのくさや。屋久島漁協に窮状を泣きの涙で訴えると「では特別に玉子付きの逸品を送ります」とのことで、後日談志宅に届くと苦笑いを浮かべられた。とりあえず勘弁してもらったが、謹慎1か月を食らってしまった。一緒にその場にいた國志舘まで、とばっちり謹慎となり、ほんとに申し訳ないことをした。いまだに反省している。

ロジカル【ろじかる】

談志を一言で表現するとき、これが一番適当な言葉のように思う。納得させるだけのロジカルがあれば、前座だろうが誰でも評価されていたはずだ。

「オレの落語の理論だって、あくまでも仮説だ。オレのを凌駕するものがあったら、いつでもいいから持ってこい」と、誰にでもその姿勢は崩さなかった。

晩年までそれは変わらず、「なんでも論理分解してやるぞ」とまで言い切っていた。ロジカルは公平だ。立川流は恐怖政治を敷いていたかのように思われがちだが（ま、弟子たちが好き勝手に言っていただけだが）、実際はリベラルな風土だったのだ。

行

和田アキ子【わだ・あきこ】

1950（昭和25）年4月10日～。歌手、司会者、タレント。ホリプロ所属。言わずと知れた芸能界のボス的存在。

談志のことを「間違ったことを言うと叱ってくれた人」などとても慕っていた。また談志も「アッコ」と呼び、とても可愛がっていた。「体の大きな歌手か？　○○にいるからすぐおいで」と誘うほどだったという。談志のお別れ会にも、たけしさんとともに参列していた。「トップに立てば立つほど孤独になるものだ」と、談志は常々言っていたが、そのあたりの微妙な感情を、人一倍察知していたのだろう。

和田誠【わだ・まこと】

1936（昭和11）年4月10日～2019（令和元）年10月7日。イラストレーター、エッセイスト。『麻雀放浪記』『怪盗ルビイ』などの映画も監督。料理愛好家として活躍する妻・平野レミはシャンソン歌手でもある。長男はロックバンド「TRICERATOPS」の和田唱。その妻は人気女優の上野樹里。

談志はその見識、人柄を気に入っていて、なにかと頼りにしていた。和田もよく談志の会に来ていて、打ち上げなどで親しげに語り合っていた。筆者も「和田さんに本を送っておいてくれ」と、よく指示されたものだ。

割ってから文句言え！

【わってからもんくいえ！】

幼い頃の談志が言い放った言葉。悪ガキたちと石の投げっこをして遊んでいたときに、見るに見かねた近所のおじさんが、「克由、お前の投げた石が、あそこの家の窓ガラスを割ったらどうするんだ！」と怒った。そのときに発したのがこの言葉。筆者が前座時分に、談志の実母の豊（とよ）さんから直接聞いた話だ。

確かに、割る前は未遂なのだから筋は通っている。面倒くさいガキのまんま、大きくなったという証拠。親御さんもさぞ育てにくかったろうと、心中を察する。

笑うんじゃねえぞ！

【わらうんじゃねえぞ！】

談志の言葉。2004（平成16）年9月、筆者が真打ち昇進トライアルに挑んだ際、よく笑う観客に対して、談志が痺（しび）れを切らすように発したセリフ。そして、この言葉をギャグとして受け止めた観客は、さらに笑う。ついに談志は「笑うんじゃねえって言ってるだろ！」と、怒りを混じえながら言い放つと、今度は観客は何を言っても笑わなくなってしまった。そのうちに談志は、「俺は笑うのを我慢しろとは言ってないんだよ」と宥（なだ）める始末……。

「真打ち昇進トライアル」ということで、少しでも筆者を応援しようという"ホームグラウンド化"に対する、談志の強烈な拒否反応だった。

「お前も俺があぁ言ったから、やりやすくなっただろう?」と言われたがまったく逆で、ほんとあの場面はキツかった。過去に観客に向かってこんなことを言う落語家が、果たしていただろうか?

笑われるまでにピエロはさんざ泣き

【わらわれるまでにぴえろはさんざなき】

談志がよくサインに添えた言葉。お世辞にもあまりうまいとは言えないが、味のあるピエロのイラストが描かれていた。ペーソスが漂っていたものだ。

ワリ（割り）【わり】

寄席の出演料。「ギャラはプライド料」と言っていた談志は、落語協会にいた当時、池袋演芸場を満席にしてもわずかな額の割りだったにもかかわらず、すごい落語をやり続けていたという。こんな伝説は大学の落研時代の先輩から、ずっと聞かされていた。当たり前だが、出会う前からすごい人だったのだ。

立川談志ご子息　松岡慎太郎さんに聞く

「父は、家の中でもずっと立川談志でした」

そのイメージと異なり、「談志は頑固親父ではなく、優しい父親だった」と松岡さん。
ただ自宅でも「頭の中は落語のことばかり」なので、家族はピリピリしていたそう。

優しい親父だったけれど、それでも家の中はピリピリ

談慶　師匠が亡くなってもう8年、早いもんですね。いまでもそこに師匠がいて、「俺を楽しませる本、書けよ」なんて言ってくるような気がしてならないんですよ。

松岡　談慶師匠は父の話題になると、必ず涙ぐんでくれますよね。「こうやって本が出せるのも師匠のおかげ、うわあぁ……」って（笑）。

談慶　それだけ、“不肖の弟子”にとっては大きな存在だったんですよ。でも慎太郎さんは、師匠の跡を継いで噺家になろうという気はなかったんですか？

松岡　あまり興味が湧かなかったんですよ。落語のこともあんまり知らなかったし。

談慶　「噺家になれ」とは言われなかった？

松岡　一切、聞いたことがない。もちろん親ですから、子供が「家業を継ぎたい」って言ったら、「やめとけ」とか言いながら、内心、よろこんでくれたかもしれませんが、「なってほしい」という気持ちもなかったと思います。でも晩年は父と一緒に「談志役場」で仕事をし、一緒にいたので、親孝行だったのかもしれませんよ。

談慶　「この人が父親でよかったな」なんて感じたことはありますか？

松岡　よかったですよ、あの人が父親で。金銭面だけじゃなく、普通じゃできない体験もさせてもらえた。中学の頃かな、当時の後楽園球場に連れて行かれて、試合前の巨人軍ベンチの中を見学させてもらったり。すぐ横に現役を引退したばかりの王助監督がいたりして「わーすごい！」って。そのときはそれほどとは思っていませんでしたが、談志の子というだけで、貴重な体験をさせてもらってたんですね。

談慶　師匠の息子さんという立場は、学校ではどうだったんですか？

松岡　イジメというほどひどくはないけれど、中学時代は、よくからかわれた。弟子たちが父をサカナに芸をするじゃないですか。「談志師匠って、こんなにひどいんですよ」なんてテレビで放映されると、「おまえの父ちゃん、弟子にあんなことして、いいのかよ」なんてね。でも、そんなの相手にしてもしょうがないですから……。

談慶　じゃあ、もう一度生まれ変わっても、師匠の息子さんになりたい？

松岡　う～ん、他の父親を知りませんしね。

談慶　師匠は弟子には厳しかったし、特に礼儀にはうるさかったけれど、家庭の中では優しいお父さんでしたか？

則子夫人の快気祝いパーティーで。左から慎太郎さん、長女ゆみこさん、則子夫人、談志。
右端は談志が「最高の音楽家」と評価していたミュージシャンのジミー時田さん。

松岡　「無茶振り」ばっかりクローズアップされるけれど、案外、お弟子さんにも優しかったんじゃないですか？　談慶さんはそれを一番よく知ってるでしょ（笑）。

談慶　確かに！　無茶振りも愛情だったんだと、いまつくづく思います（笑）。

松岡　家でも優しかったですよ、家族にも気を遣っていたし。ただ、ああいうキャラクターだから、普通の愛情表現ができない。私の娘、つまり孫を呼ぶときでも「孫、こっち来い」なんて命令口調。照れながらね。普通のおじいちゃんのように「よしよし」なんて言えない。「偉いんだぞ、俺は」みたいな感じで。孫はちっちゃくて何にもわからないのに、そこに優しさは感じているみたいでしたね。

談慶　お孫さんは師匠のことを何て呼ぶんですか？

松岡　孫は「だん」って呼んでいました。ちっちゃいときは。

談慶　「だん」「孫」なんて、ちゃんとつながっている感じがする。そういう呼び方一つとっても、ご家族への愛情のかけ具合が、よくわかりますね。

松岡　ただ、父は家に帰っても「立川談志」ですから。オン、オフがないんです。家で喋ることも、高座やテレビと同じ。裏表がないというとそれまでだけれど、家族は気を遣います。だから父が家にいるときは、家族はピリピリしていた。本人がいないほうが、精神的にはリラックスできる。よく「どんなお父さんですか」と聞かれるけれど、「テレビで見るままの、あんなお父さんです」。そのお父さんが、ピンポンって家に帰ってきたら、やっぱり気遣うでしょう。うわ〜談志だ……なんて（笑）。

談慶　なるほど、それじゃやっぱり、くつろげないわ（笑）。

松岡　常にごそごそ、がさがさ落ち着かない感じでね。すると、こちらも落ち着かない。冷蔵庫の中をガサゴソやって、なんか作ったり。とにかくせわしない人でした。

談慶　「冷蔵庫をガサゴソ」という話が出ましたが、師匠は料理が好きでしたよね。

松岡　でも料理に関しては「食べられるかどうか」の実験台にさせられたお弟子さんのほうが、気の毒でしたね。談慶さんも、経験があるでしょう？

談慶　ええ、まあ（笑）。

松岡　物のない時代に育っているから、捨てられないんですよね。「ちょっと腐っているけれど、カレーに入れちゃえば食えるんじゃないか」みたいなことを、いつも考えていた。「落語家にならなかったら、料理人になっていた」なんて聞いたこともありますが、本格的な料理人というよりは、「もったいない」とか「縁あって自分のところに来たんだから有効に使いたい」という気持ちのほうが先にあっての料理じゃないでしょうか。

談慶　思い出の味はありますか？

松岡　子供の頃好きだったのがワンタン。生地から練って、寝かせて、丸い玉を丁寧に平らに

旅先で最愛の「ノンくん」（則子夫人）と2ショット。
師匠も、なんとなくうれしそう。

して、お肉を包む。これは父じゃないとできない。もう一度食べたい！

談慶　なるほど。おふくろの味じゃなくて、「おやじの味」なんですね。

最後の最後まで……父は生涯落語家であり続けた

談慶　ところで、お姉さんのゆみこさんが“不良”になってしまって、とてもオロオロしていたとか。そういう姿は私たち弟子には見せなかったですけれどね……。

松岡　「不良」といっても、シンナーや薬をやったり、人に危害を加えたりというのではなく、学校に行かずにディスコに入り浸っていたという程度。

談慶　でもそこで、普通のお父さんになっちゃった（笑）。

松岡　そう。立川談志が、初めて普通のお父さんとして、オロオロしちゃった。「娘が不良になって心配だ」って“先輩”の話を聞こうと、加賀まりこさんにアドバイスを受けたりしたそうですよ。するとまりこさんが、「でも、不良のほうが親孝行するよ」と言ってくれた。いま思うとその通りで、姉も亡くなるまで父を介護し続けてくれましたし。「まりこさんの言っていたのが結果的に合ってたな」って、晩年、父も言っていました。

談慶　慎太郎さん自身は、師匠に怒られた経験はありますか？

松岡　まだ小さいときに、父の真似をして、お弟子さんに乱暴な口を聞いたらしいんですよ。すると父が「おまえの弟子じゃないんだ」と烈火のごとく怒った。ですから我が家は、お弟子さんには「○○さん」と、さんづけで呼んでいますよ。

談慶　晩年になってからのほうが、弟子にも優しくなってきていると思いますね。

松岡　例えば打ち上げでも、最初の頃の弟子は会場にすら入れてもらえなかった。でも晩年は逆に「こいつらに食べさせてやってくれ」と主催者に頼むようになった。

談慶　基本的には、弟子にも優しい人なんだから、家族に優しくないわけがない？

松岡　でも父親というより、立川談志がいたという感じかな。本名は松岡克由（かつよし）ですが、そういう名前の人は我が家にはいなかったな、っていう気がします。

談慶　病院で「松岡さん」と呼ばれても、返事をしなかったそうですね……。

松岡　入院しているときも、看護師さんに「松岡さん、体温測ってください」なんて言われると、すごく機嫌が悪くなる。でも治療に支障をきたすとまずいので、ナースステーションに出向いて、「談志さんと呼んでやってください」と頼み込んだりしてね。

談慶　それほど、「俺は談志だ」という立場を大事にしていたんですね。

松岡　喉頭がんで声を失っても、なにか噺を口にしていた。心底、落語が好きで、喋れなくなっても「談志」であり続けた。すごい人だったなと、改めて思います。

まつおか・しんたろう…立川談志の長男。
父親のマネージャーをつとめたのち、現在、有限会社「談志役場」社長。姉はタレントの松岡ゆみこ。

落語立川流一門

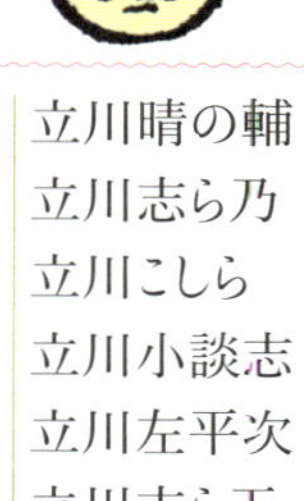

真打ち

土橋亭里う馬
立川談四楼
立川ぜん馬
立川龍志
立川談之助
立川志の輔
立川談春
立川志らく
立川生志
立川雲水
立川キウイ
立川志遊
立川談慶
立川談笑
立川談修
立川志らら
立川晴の輔
立川志ら乃
立川こしら
立川小談志
立川左平次
立川志ら玉
立川らく朝
立川らく次
立川志らべ
立川志の八
立川わんだ
立川志獅丸
立川平林

二つ目

立川志奄
立川志の春
立川志のぽん
立川こはる
らく兵
立川志の彦
立川談吉
立川志の太郎
立川吉笑
立川がじら
立川らく人
立川笑二
立川寸志
立川志ら鈴
立川志の麿
立川だん子
立川志ら門
立川只四楼

オフィシャルサイト　http://tatekawa.info/member

（2019年10月23日現在）

親交が深かった人たち 立川流顧問でもある

石原慎太郎
作家・元政治家／元東京都知事

山藤章二
イラストレーター・風刺漫画家

小室直樹
社会学者・評論家

野末陳平
放送作家・評論家・タレント・参議院議員

森繁久彌
俳優

色川武大
作家

稲葉修
政治家

川内康範
作家・脚本家・作詞家

17代目中村勘三郎
歌舞伎俳優

胡桃沢耕史
作家

江崎真澄
政治家

田村隆一
詩人

吉川潮
作家

特に敬愛した落語家・芸能人・文化人

柳家小さん
師匠

古今亭志ん朝
最大のライバル

6代目 三遊亭圓生
落語家

5代目 三遊亭圓楽
落語家

桂歌丸
落語家

3代目 桂米朝
落語家

6代目 桂文枝（前名：桂三枝）
落語家

アダチ龍光
奇術師

爆笑問題
漫才コンビ

ビートたけし
漫才師、作家・映画監督／弟子

上岡龍太郎
タレント／弟子

高田文夫
作家／弟子

手塚治虫
漫画家

親友

毒蝮三太夫
タレント

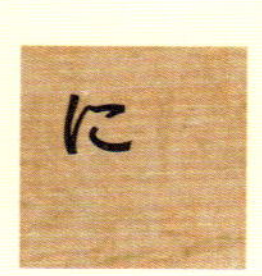

おわりに

ここまでお読みいただきまして、ありがとうございました。談志山登山、本当にお疲れさまでした。

「500項目を書かないことには辞典にはなりません！」

と編集部の樋口聡さんに言われたときは、「ああ、無理かも」という予感が頭をかすめ、その後、案の定、煮詰まってくると、予感が悪寒にも変わりそうになりました。

「ゆっくりでいいですよ、コツコツ行きましょう」

というアドバイスに甘えながらも、いざ軌道に乗って来てエンジンがかかると、一日40項目近くを書くようになるまでになり、最後は疾走感を持って終了させることができました（いや、もう200項目ぐらいならいけたかなというのが率直な感想です。わ、強気！）。

談志のことをプライベートでもよく知る方ならば、「まだまだ、踏み込んでいないだろう」という部分があるかもしれませんが、「はじめに」にも書いた通り、あくまでもこれは私というフィルターを通しての談志語なのです。ご理解ください。

＊

談志は「分解」という言葉が口癖でした。本書は天才たる師匠を、恐れながらも、不肖の弟子が分解した本でもあります。

書き終えてみて、しみじみ感じたことは、「500項目以上もの分解物のある落語家が、かつて存在しただろうか？」ということです。

少なくとも、現役の落語家にはいないはずです。細分化できるほどのコンテンツを有した人の弟子だからこそ、書き上げることができた一冊です。

ここでなんとなく、あの日言われた「日記をつけろ」の意味が、おぼろげながらわかってきたような気がします。

「どうせお前は、ドジで間抜けなはずだから、俺の小言をくまなく記しておけ。それはやがて俺を再発見する本になるはずだ。その本はきっとお前にしか書けない内容になるはずだ」と、きっと師匠は予言していたのでしょう。

出来の悪い弟子の買いかぶりかもしれませんが、師匠の死後、そうとしか考えられないような落語家人生を歩んでいます。

「一を聞いて十を知る」のではなく、「十を聞いてやっと一を知る」私だからこそ、仕上げられた本のような気がします。

昭和27年。まだ戦後のどさくさ的な匂いの残る寄席の楽屋に入った16歳の少年は、憧れの落語家と、そうではない芸人たちとのギャップに驚いたはずです。そして「将来、俺の弟子たちは絶対

きちんとさせてやる！」という気概を持ったに違いありません。それが後年の立川流創設の原動力につながりました。

そう考えてみると、人生の恥としかイメージできなかった私の前座時代は、談志に認められなかった期間ではなく、「私の成長を待ってくれていた期間」だったのかもしれません。そうなんです、あのとき耐えていたのは私ではなく、師匠のほうだったのです！

*

いま、この「あとがき」を書きながら涙が止まらなくなりました。

「俺のところにいたメリットは後から享受できるんだ」と、半ば「俺にそこまで言わせるな」というニュアンスで言われたことがありました。

本書を含めて、私がいままで出してきた12冊にもなる本はもちろん、いま書いているこの「おわりに」も、すべて談志がすでに組み込んでくれていた、壮大なプログラムだったのです。

私事で誠に恐縮ですが、次男坊が今年2019年、慶應義塾志木高校を受験しました。自己推薦枠試験の小論文のテーマは、「『志』について書け」でした。

他の大半の受験生たちがおそらく「志木」について書くであろうと予測した彼は、そこで閃き「志→談志」と飛躍させ、父親の師匠である談志のこと、そして落語について書いたそうです。それが試験官の目に留まり、結果として入学することができたのです。

直弟子である私の世代すら超えて、さらにもっと先の次世代に当たる、弟子の息子の人生までも左右してしまう師匠だったのです。

師匠、本当にありがとうございました。

さあ、みなさん、とんでもなく面白い本が出来上がりました。談志のことを知っている人ならば、シンパシー（共感）を感じるでしょう。談志のことを知らない人でも、「こんなすごい人がいたのか！？」というときめきと笑いで、いっぱいになるはずです。

本はバトンです。ここからこの本を広めるのは、ここまで読んでくださったあなたです！

引き続きよろしくお願いします。

立川談慶　拝

多彩な個性が勢ぞろい！
（提供＝談志役場）

真打ち昇進披露パーティーにて。

立川談慶（たてかわ・だんけい）
落語家。1965年生まれ、長野県上田市出身。慶應義塾大学経済学部卒業後、株式会社ワコール入社。1991年、一念発起して立川談志18番目の弟子に。2000年に二つ目、2005年真打ち昇進。特技はボディビルでベンチプレス120kgを楽々とこなす。『落語家直伝うまい授業のつくりかた』（誠文堂新光社）など著書多数。

協力……………………有限会社談志役場

総合プロデュース……中野健彦（ブックリンケージ）
編集進行管理…………岩尾良（プリ・テック）
写真…………………………ムトー清次
［p.161、183～184を除く］
イラスト…………………伊藤ハムスター
デザイン…………………桜井雄一郎+佐野淳子
校正…………………………新井弘子
編集協力…………………竹石健（未来工房）

立川談志にまつわる言葉を
イラストと豆知識で「イリュージョン」と読み解く
談志語辞典

2019年11月22日　発　行　　NDC779

著　者　立川談慶
発行者　小川雄一
発行所　株式会社 誠文堂新光社
〒113-0033 東京都文京区本郷3-3-11
［編集］電話03-5800-5753
［販売］電話03-5800-5780
https://www.seibundo-shinkosha.net/
印刷・製本　図書印刷 株式会社

ISBN978-4-416-61920-9